让 我 们 一 起 追 寻

F R A C T U R E D   L A N D S

How the Arab World Came Apart

破碎

By
Scott Anderson

[美]
斯科特·安德森 /著
陆大鹏 刘晓晖 /译

21 世纪
中东的
六种人生

大地

社会科学文献出版社
SOCIAL SCIENCES ACADEMIC PRESS (CHINA)

献给娜塔莎，

爱无止境，永远感激

目 录

序 言 ⋯⋯⋯⋯⋯⋯⋯⋯⋯⋯⋯⋯⋯⋯⋯⋯⋯ 1

第一部 起源（1972～2003） ⋯⋯⋯⋯⋯⋯ 1

第二部 伊拉克战争（2003～2011） ⋯⋯⋯⋯⋯ 33

第三部 "阿拉伯之春"（2011～2014） ⋯⋯⋯⋯ 75

第四部 "伊斯兰国"崛起（2014～2015） ⋯⋯⋯ 137

第五部 大逃难（2015～2016） ⋯⋯⋯⋯⋯⋯ 173

尾 声 ⋯⋯⋯⋯⋯⋯⋯⋯⋯⋯⋯⋯⋯⋯⋯⋯⋯ 206

鸣 谢 ⋯⋯⋯⋯⋯⋯⋯⋯⋯⋯⋯⋯⋯⋯⋯⋯⋯ 212

序　言

我们驱车前往伊拉克北部。旅途开始之前，阿扎尔·米尔汗医生（Dr. Azar Mirkhan）脱掉西式服装，换上库尔德佩什梅格（Peshmerga）战士的传统装束：衬衫之外是羊毛的紧身短上衣，还有宽松马裤和宽腹带。他还特意带上了其他一些东西，包括一把战斗匕首（巧妙地夹在腰上的腹带内），一把装了子弹的点45口径自动手枪，以及狙击手用的望远镜。如果形势变得特别棘手，他的M4突击步枪就摆在后座，可以方便地拿到手。搁脚的地方还有额外的弹夹。医生耸耸肩道："这地方治安不好。"

2015年5月的这一天，我们开往阿扎尔的伤心之地。关于它的记忆至今仍在折磨他。前一年，"伊斯兰国"① 枪手在伊拉克北部横冲直撞、大开杀戒，易如反掌地驱逐了兵力远胜于他们的伊拉克军队，然后将注意力转向库尔德人。阿扎尔已经推测出

---

① "伊斯兰国"（ISIS）全称为"伊拉克和大叙利亚伊斯兰国"，是一个曾经活跃于伊拉克和叙利亚的萨拉菲圣战恐怖组织和未得到世界广泛认可的政治实体。它原为"基地"组织的一个分支，2014年年初将伊拉克政府军逐出若干重要城市，引起世界瞩目。"伊斯兰国"经常在网上传播将俘房（包括平民）斩首的视频，摧毁文化遗产地，并执行种族清洗。它的领导人曾自立为哈里发，声称对全世界穆斯林拥有主宰权。2017年，"伊斯兰国"连续遭到军事失败，趋于消亡。（本书所有脚注皆为译者注。）

"伊斯兰国"的杀手下一步要袭击哪里，也知道成千上万手无寸铁的平民就在"伊斯兰国"杀手的必经之路上。阿扎尔发出警报，大家却对此置若罔闻。情急之下，他在自己的汽车里塞满枪支弹药，奔向现场。但他抵达公路上某个地点的时候，发现自己来晚了，而且仅仅晚了几个小时。"这显而易见，"阿扎尔说，"太显然了。但没人愿意听我的话。"这一天我们要去的那个地方，就是伊拉克北部享有传奇声望的库尔德战士当初被智胜和落败的地点，就是阿扎尔·米尔汗医生当初未能阻止悲剧发生的场所，也是随后很多个月里他继续抵抗"伊斯兰国"的战场。

阿扎尔是泌尿科医生。不过，即便他没有携带武器，即便他没有打扮成战士，这位四十一岁的男子也拥有老猎手的气场。他的走姿有点怪，步子平稳而轻松，动静很小。谈话的时候，他常常缩着下巴，厚眼皮下的双目凝视对方，仿佛他在举枪瞄准。他的鼻子很大，漆黑的头发从前额往上梳，外貌有点像年轻时的约翰尼·卡什（Johnny Cash）①。

医生携带的武器装备是他的个人哲学的辅助工具。他最喜爱的电影《黄金三镖客》②中的一个场景很能表达这一点：伊莱·沃勒克（Eli Wallach）正在洗澡，有人企图杀他，发动突然袭

---

① 约翰尼·卡什（1932~2003），美国著名的歌手、演员，多次获得格莱美奖，被公认为美国音乐史上最具影响力的音乐家之一。
② 《黄金三镖客》是1966年意大利、美国等国联合拍摄的著名西部片，讲的是南北战争期间三名枪手寻找南军埋藏的黄金的故事。主演为克林特·伊斯特伍德、李·范·克里夫和伊莱·沃勒克。

击。然而刺客没有立刻开枪打死沃勒克，却得意扬扬地长篇大论起来，于是沃勒克抓住机会，杀死了对方。

"非开枪不可的时候就赶紧开枪；别废话，"阿扎尔引用电影的台词道，"我们库尔德人现在就是这样。现在不是废话的时候，是开枪的时候。"

阿扎尔是本书的六位主角之一。这六人来自不同地区、不同城市、不同部族、不同家族，但他们和正在中东或出身于中东的千百万人一样，都经历过惊涛骇浪。一系列动乱永远地改变了他们每个人的生活。动乱从2003年美国入侵伊拉克开始，随后因为一系列革命与起义（在西方被统称为"阿拉伯之春"）而急剧加速发展。动乱至今仍在继续，其表现形式有"伊斯兰国"造成的严重破坏、大范围恐怖袭击和若干政权沦为失败国家。

对这六个人中的每一位，动乱的最突出表现都是一个具体的、独一无二的事件。对阿扎尔·米尔汗来说，引发剧变的事件发生在通往辛贾尔（Sinjar）的公路上，他目睹自己最担心的事情成了现实。对埃及人莱拉·苏埃夫（Laila Soueif）来说，是一个年轻男子从狂奔的抗议人群中走出来拥抱她，于是她获得顿悟，知道革命一定会成功。对利比亚人马基迪·曼古什（Majdi el-Mangoush）来说，是他徒步穿过危险的无人地带，突然感到欣喜若狂。这是他人生中第一次体验到自由的滋味。对伊拉克人胡卢德·扎伊迪（Khulood al-Zaidi）来说，是一位昔日朋友的凶相毕露终于让她明白，自己曾为之努力的一切都消逝了。对叙利亚人马吉德·易卜拉欣（Majd Ibrahim）来说，是目睹审讯官搜查他的手机以探查他的"联络人"的身份，这时他知道自己死期将近。对伊拉克人瓦卡兹·哈桑（Wakaz Hassan，这个年轻人对政治或宗教都没有什么明显的兴趣）来说，改变命运的时刻是"伊斯兰国"枪手来到他的村庄，给了他一个选择。

这些时刻固然各不相同，但对六个人中的每一位来说，这些时刻都代表着一次跨越，他们从此都走上了永远不能回头的路。这些变化（再乘以千百万）改变了他们的家园——大中东地区，也不可避免地改变了全世界。

这些改变如同晴天霹雳，但事先并非完全没有预警和征兆。历史总是看似随机和偶然的潮流与事件的结果，其意义往往只能在事后确定。或者更常见的情况是，人们会在事后对其意义加以争论。要分析中东局势，有些线索是非常近期的，有些则可以追溯数百年。

一位戴棕色墨镜的六十岁男子一边漫不经心地玩弄着他的自制拂尘（好几根干燥的迷迭香枝条，由一块铝箔连接起来），一边沉思地凝视着投下阴影的棕榈叶。

"人类历史不是预先注定的，"过了片刻他喃喃道，"历史前进的速度也不一致。有时它稳步前进，有时它行动如飞。它总是很灵活。"他将拂尘放到廉价的塑料小桌上，转向我道："已经过去的那个阶段，是民族主义的时代，即民族身份认同的时代。如今，突然间变了。现在是全球化的时代，有很多新的因素在规划世界。"

　　谈到时代更迭这个话题，这个戴墨镜的男子很有权威性。他就是利比亚独裁者穆阿迈尔·卡扎菲。我于 2002 年 10 月见到他的时候，他已经安然无恙地通过了该地区风云变幻的地缘政治浅滩，掌权长达三十三年。他的这种灵活性也解释了我为什么来到的黎波里的阿齐齐亚兵营（Bab al-Azizia）①。2002 年年底，反对伊拉克独裁者萨达姆·侯赛因的战争鼓点在华盛顿已经接近高潮，小布什总统的内层圈子里有人说，消灭了伊拉克的暴君之后，下一个目标就是讨厌的利比亚独裁者。为了预防此种局面，卡扎菲最近采取了若干措施向西方示好，包括新的公关活动。这年秋天，这位以喜欢隐遁而闻名的独裁者破例允许若干外国媒体采访他，这是十多年里的第一回。

　　如果说卡扎菲的举动表现出他在面对小布什政府时不无紧张，那么在面对利比亚人民时，他则表现得泰然自若。掌权三十多年之后，他在利比亚国民心目中已经成了无所不在的人物，他们甚至很少用他的名字指代他，而简单地称他为"领袖"（the

----

　　①　阿齐齐亚（字面意思是"光荣之门"）兵营位于利比亚首都的黎波里南郊，它同时也是利比亚前领导人卡扎菲的官邸。2011 年 8 月 23 日，在利比亚内战的黎波里之战中，反对派武装进攻阿齐齐亚兵营时，与卡扎菲部队激战。最终反对派攻入兵营，捣毁了卡扎菲的铜像，以及金色铁拳捏碎美国飞机的雕像。今天阿齐齐亚兵营大部分已经废弃。

Leader)。我问他，他希望后世如何铭记他。卡扎菲表现出了莫大的自信，用俏皮话来回答。这句俏皮话既是自嘲也是玩世不恭。"我希望人民会觉得我不是个自私的人，"他说，"为了取悦和帮助他人，我甚至抛弃了自己。我真的希望人民会这么说。"他向我俯身过来，忍俊不禁地说："我也真的希望我当真是那种样子。"

很讽刺的是，美国人并没有攻击卡扎菲，至少当时没有。在的黎波里，"领袖"继续掌权十年，最终却被他没有预料到的危险推翻了：他自己的人民发动了起义。在2011年年初开始席卷中东的一系列民众起义和革命中，穆阿迈尔·卡扎菲注定是最有名，死得也最惨的牺牲品——他在利比亚一条高速公路边上被暴民以私刑处死。

引发"阿拉伯之春"的事件实在令人出乎意料：贫穷的突尼斯果蔬小贩穆罕默德·布瓦集集（Mohamed Bouazizi）为了抗议政府对其的骚扰，不惜自焚。他于2011年1月4日伤重不治身亡之后，在突尼斯的大街小巷游行示威、要求经济改革的抗议者改为要求突尼斯的铁腕总统宰因·阿比丁·本·阿里（Zine el-Abidine Ben Ali，掌权长达二十三年）辞职。随后的日子里，示威游行的规模越来越大，场面越来越激烈，最后溢出了突尼斯国境。到1月底时，阿尔及利亚、埃及、阿曼和约旦都爆发了反政府抗议。这仅仅是开始。到11月时，也就是布瓦集集去世的仅仅十个月之后，中东已有四个长期掌权的独裁政权垮台，还有六七个骤然陷入重围的政权不得不整顿内政或承诺改革。反政府的示威活动（有的和平，有的发生了暴力冲突）从毛里塔尼亚到巴林画出一道弧线，扩散到整个阿拉伯世界。

到"阿拉伯之春"发生的时候，我关注和研究中东已经将近四十年了。20世纪70年代初，我还是个孩子的时候，曾与父亲一起游历中东。这趟旅程激发了我对伊斯兰教的浓厚兴趣和对沙漠的热爱。中东也是我最初从事新闻工作的领域。1983年夏季，我登上一架飞机，来到正陷入鏖战的贝鲁特城，希望找到一份特约记者的工作。在随后多年的记者生涯里，我曾与在约旦河西岸执行袭击任务的以色列突击队员相伴；曾在达尔富尔与金戈威德（Janjaweed）①民兵一起吃饭；我曾采访自杀式炸弹袭击者的亲属；后来，我的新闻工作中断了五年，我利用这段时间写了一本关于现代中东历史根源的书。

因为有这样的经验，我起初欢迎"阿拉伯之春"，甚至相信这样的动荡早该发生了。几十年来我在全世界旅行和采访，没有发现一个地区像阿拉伯世界那样如一潭死水，停滞不前。卡扎菲独裁统治四十二年，在该地区创立了掌权时长的纪录，但阿拉伯

---

① 金戈威德（字面意思是"骑马拿枪的人"）是苏丹西部和乍得东部的一支民兵武装，主要为阿拉伯化的本地人，是达尔富尔冲突的主要参与者之一，得到苏丹政府的秘密支持。

世界的其他地方也好不到哪儿去。到 2011 年，年龄在四十一岁以下的埃及人（占总人口的约 75%）都只经历过两个国家元首；而同样年龄的叙利亚人从小到大都在阿萨德父子的统治之下。除了政治僵化，很多阿拉伯国家的经济被少量寡头或贵族家族把持。对其他所有人来说，要想获得经济上的安全稳定，唯一的出路就是设法在臃肿到令人难以置信地步的公营部门和官僚机构里找到工作，而这些政府机构往往任人唯亲、腐败堕落。在石油资源丰富而人口稀少的国家，如利比亚和科威特，石油带来的巨额金钱或许能让下层人民也分一杯羹，带来一定程度的经济繁荣；而在人口较多但资源较贫乏的国家，如埃及或叙利亚，就完全不是这样了。这些国家的贫困和失业问题很严重，并且该地区人口不断爆炸式增长，所以这些问题只会不断恶化。

在"阿拉伯之春"的早期，人们憎恨的对象发生了变化，这让我感到振奋。长期以来我一直觉得，阿拉伯世界最显著也最消耗它元气的特点，就是一种怨愤的文化。定义阿拉伯社会的，不是人们的憧憬，而是他们敌对的目标。他们反对犹太复国主义，反对西方，反对帝国主义。几十年来，该地区的独裁者巧妙地引导人民的挫折感，诱骗他们去仇恨外部敌人，从而防止人民注意到独裁者自己的荒政。"阿拉伯之春"来了，这种老把戏突然间没用了。中东人民的怒火径直指向统治者，而规模如此宏大的指向统治者的愤怒，在历史上还是第一次。

然而，"阿拉伯之春"后期的中东却走上了令人毛骨悚然的歧途。到 2012 年夏天，两个在"阿拉伯之春"期间获得"解放"的国家，利比亚和也门，陷入无政府状态和内斗，而针对叙利亚的巴沙尔·阿萨德政权的斗争却蜕化为血腥的内战。次年夏天，埃及第一个民主选举产生的政府被军方推翻，而为军人政变喝彩的，恰恰就是两年前走上街头呼吁民主的那群年轻的政治活动家。在"阿拉伯之春"涉及的各国中，唯一真正的亮点是它的发源地突尼斯，但即便在这里，恐怖袭击和争斗不休的政客也时常威胁到脆弱的政府。在这一片狼藉当中，奥萨马·本·拉登的"基地"组织的残余势力卷土重来，在伊拉克再度点燃战火，然后产生了一个甚至更为凶残的组织："伊斯兰国"。

"阿拉伯之春"怎么会变成这样？这样一场充满希望的运动，怎么会走到这步田地？

这个问题很难有单一的答案，因为"阿拉伯之春"的性质就是杂乱无章的。有的国家因为这场动荡而发生激烈的变化，而有的国家（往往就是邻国）却几乎没有受到任何影响。危机中的有些国家按照该地区的标准算是富国（利比亚），也有的国家一贫如洗（也门）。有的国家的统治者是相对温和的独裁者（突尼斯），有的国家则被该地区最严酷的政权统治着（叙利亚），而这两类国家都天下大乱。那些保持稳定的国家的政治和经济条件也差别极大。似乎并不存在明显的规律。

在"阿拉伯之春"的早期，我曾与一位约旦人对话。后来我回忆这次对话时，觉得它即便不是上述问题的完整答案，至少也是条线索。

我在约旦长途旅行期间雇用哈桑（Hassan）当司机。我们在一起度过的五天里成了朋友。哈桑性喜交际，受过良好教育，对自己的"现代性"颇为自豪，一有机会就谴责宗教激进主义在该地区的滋长。哈桑个性的一个显著方面，是对约旦国王阿卜杜拉二世（Abdullah Ⅱ）佩服得五体投地。仅仅提到国王的名字，哈桑的脸上就会光彩四射。但这也与哈桑的现代化世界观有关联。"他非常进步，努力帮助人民启蒙开化，"哈桑这样评价阿卜杜拉二世道，"因为他，约旦如今是所有阿拉伯国家里最西方化的。"

正是因为我觉得哈桑是很西化的人，有一天晚上他的话才让我颇感意外。我们偶然谈到了部族制度在当地的作用，我说它往往对哈桑推崇的自由主义思想起到遏制作用。哈桑同意这是个极大的问题，随后狠狠吸了一口烟。"这么说很不光彩，"他说，"但如果有一天我必须在国王和我的家族（这里指的是他所在的部落）之间选择，我当然会选择我的家族。其实，想都不用想。不管出于什么原因，如果我的家族反对国家，那么我也会反对国家。"

如果是在也门或苏丹农村听到这种话，我不会吃惊，但说这话的人竟然是中东国际化程度最高的国家之一的一个自诩"现代"的人。不过这倒是提醒了我，在阿拉伯世界的大部分地区，部落和血脉的古老力量仍然暗流涌动。这也给了我一个出发点，一个指导性原则，帮助我去理解"阿拉伯之春"。

阿拉伯世界的二十二个国家大多受到了"阿拉伯之春"的冲击，但六个受影响最深的国家，埃及、伊拉克、利比亚、叙利亚、突尼斯和也门都不是君主国，而是共和国。这是否能揭示各阿拉伯共和国的体制内在的断层线？换句话说，很多阿拉伯君主国高度腐败、压迫人民，却经受住了"阿拉伯之春"的考验，是不是因为它们拥有某种内部的部落契约，而共和国则没有这种契约？

伊拉克、叙利亚和利比亚这三个阿拉伯共和国已经彻底瓦解，让人怀疑它们将来有没有可能成为正常运作的国家。考虑到这三个国家的情况，上述问题就格外引人注目。这三国虽然在地理、历史、经济等诸多因素上差距很大，但有一个共同点：它们都是 20 世纪初由西方帝国主义"人工构建"的阿拉伯国家。西方列强建立这几个国家的时候很少考虑民族凝聚力，更少考虑部落或宗教派系的分野。诚然，该地区的其他共和国与君主国也存在这些内在分野，但两种因素——缺乏内在的民族身份认同，政府排挤了社会的传统组织原则——共同发挥作用，让伊拉克、叙利亚和利比亚在面临变革风暴时格外脆弱。

这样看来，穆阿迈尔·卡扎菲说民族主义的时代已经让位于全球化的新时代，是恰恰说反了。在利比亚那样的"人工构建"的阿拉伯国家，"阿拉伯之春"意味着逆转到最基本的社会秩序。对古老传统的忠诚不仅把卡扎菲清扫出去，还消灭了他试图向人民灌输的民族主义。本书的六个人物中有五个来自"人工构建"的国家，他们的个人故事植根于讲述这些国家如何形成的更广阔历史。

在这段历史的语境里，穆罕默德·布瓦集集于 2011 年自焚的风波就不太像是"阿拉伯之春"的催化剂，而是在阿拉伯社会已经酝酿了很久的张力与矛盾的总爆发。生活在阿拉伯世界的人民更愿意把一起发生在布瓦集集死亡八年前的事件视为阿拉伯世界瓦解进程的开端：美国入侵伊拉克。很多人甚至会指出一个具体的场景，说它象征着整个动荡。那就是 2003 年 4 月 9 日，在巴格达市中心的天堂广场，人们用一台绞车和一辆美国 M88 装甲救援车拉倒了伊拉克独裁者萨达姆·侯赛因的雄伟雕像。

今天，阿拉伯世界的人们回忆这个场景时会怀着怨恨，觉得这象征着西方最新一次对该地区的干预。但在当时，人们的感受要微妙得多。除了伊拉克人之外，叙利亚人、利比亚人和其他阿拉伯人有生以来第一次看到，像萨达姆·侯赛因那样似乎不可撼动的人物居然也可以倒台，国家长期忍受的政治与社会瘫痪居然也可以结束。但有一点，大家在当时看得不是那么清楚：这些铁腕人物其实花了很大力气维系国家的统一与团结，而一旦没了这些独裁者，部族和教派的古老力量就又一次开始发挥离心作用。更少有人看清的一点是，对于部族和教派的力量，美国既感兴趣，也厌恶它们。这就严重损害了美国在该地区的力量与威望。也许美国在这些方面永远没办法恢复元气。

穆阿迈尔·卡扎菲上校在的黎波里，2002 年 10 月

但至少有一个人把这一切都看透了。在 2002 年的大部分时间里，小布什政府做好了入侵伊拉克的准备工作，指控萨达姆·侯赛因研发大规模杀伤武器，并拐弯抹角地把他和奥萨马·本·拉登的"9·11"事件联系起来。这年 10 月，也就是天堂广场事件的六个月之前，我在采访穆阿迈尔·卡扎菲的时候问他，如果美国入侵伊拉克，谁是受益者。这位利比亚独裁者喜欢在回答问题之前摆出深思熟虑的戏剧性姿态，但他这一次立刻给出了回答。"本·拉登，"他说，"毫无疑问是他。伊拉克最终可能变成

'基地'组织的集结地,因为一旦萨达姆政府垮台,伊拉克就会天下大乱。一旦发生那种情况,阿拉伯人就会认为袭击美国人是圣战。"

本书的形式是六段相互独立的叙述,它们在历史的更广泛背景下交织起来,试图描绘动荡中的阿拉伯世界。本书结构分为五个部分,按照时间顺序编排。第一部分除了介绍其中几位人物之外,还集中探讨了对我们理解当前危机最关键的三个历史因素:中东"人工国家"内在的不稳定性;在被迫执行受其人民激烈反对的政策时,与美国结盟的阿拉伯国家政府所处的岌岌可危的境地;二十五年前在事实上拆分伊拉克时美国所扮演的角色。拆分伊拉克这个事件在当时很少有人提及,后来就几乎完全无人关注,但它质疑了伊拉克这个现代阿拉伯民族国家存在的合法性。第二部分主要讲美国入侵伊拉克,以及此事如何为"阿拉伯之春"奠定了基础。第三部分讲述"阿拉伯之春"在埃及、利比亚和叙利亚引发的爆炸性后果。第四部分记载"伊斯兰国"的崛起。第五部分追踪"伊斯兰国"崛起导致的中东人口离散。第四部分和第五部分的内容就是当前正在发生的事情,属于今日世界最密切关注的事态。

我努力讲述人性的故事。这里有英雄,甚至还能让人瞥见一丝希望。但本书的故事是一个阴森森的警示。今天,中东的悲剧与暴力冲突已经溢出了它的边界。将近100万叙利亚人和伊拉克人潮涌般奔向欧洲，逃避自己祖国的战乱；而达卡、巴黎乃至更远的地方不断发生恐怖袭击。圣贝纳迪诺①、奥兰多和慕尼黑的屠杀凶手都打着"伊斯兰国"的旗号，所以在很多西方人的脑子里，移民和恐怖主义已经紧紧联系在一起。这对 2016 年 6 月英国脱欧公投和 2016 年美国总统大选都施加了关键的政治影响。从某些角度看，阿拉伯世界动荡的根源在于第一次世界大战。这倒是恰如其分，因为和第一次世界大战一样，阿拉伯世界的动荡也原本是区域性危机，但快速地、广泛地、似乎并无理由和逻辑地影响到了全世界的每一个角落。

---

① 2015 年 12 月 2 日，在加利福尼亚州的圣贝纳迪诺，巴基斯坦裔夫妇赛义德·法鲁克（美国公民）和塔什芬·马利克（合法的美国永久居民）枪击法鲁克工作的卫生局的活动现场，导致 14 人死亡，22 人受伤。该夫妇在枪战中被警方击毙。法鲁克和马利克通过网络变得极端化，向往"圣战"。这次恐怖袭击发生后，共和党总统参选人唐纳德·特朗普提出应全面禁止穆斯林入境美国，"直到我们国家的代表搞清楚发生了什么事"。特朗普上台后即发布总统行政令限制伊拉克、叙利亚等七个国家的公民进入美国。

第一部

起　源

1972～2003

引　语

　　今天我们很难想象，曾经有个时期，阿拉伯世界不仅愿意接受美国干涉它的事务，甚至高声疾呼地欢迎美国来干预。这是1919年夏季，中东政治演化的一个至关重要的时期，它始于一小群目标远大的美国官员从法国前往叙利亚的一次航行。此时，"金-克兰委员会"（King-Crane Commission）——虽然其功劳在历史上被大大夸大了——有机会来根本性地改变我们今天所知的中东格局。

　　在这之前四百年的大部分时间里，奥斯曼帝国统治着中东的阿拉伯土地。奥斯曼苏丹深知自己与欧洲帝国主义列强相比在军事和技术上落后太多，所以赋予自己属下的各地相当多的自治权，聪明地把弱点转换为长处。在幅员辽阔的奥斯曼帝国，只要各地臣民按照规矩纳税并服兵役，苏丹就不会过多干预他们，允许他们自治。最有意思的是这种"自由放任"政策在政治组织方面的运作。奥斯曼政府认识到阿拉伯世界的社会秩序极其复杂，由形形色色的部落、次级部落和氏族组成，再加上该地区有五花八门的宗教派别，于是奥斯曼政府将自己的帝国分割成若干大体上相互独立的行省（vilayet）。另外，根据米利特（milliyet，字面意思是"民族"）制度，每个宗教少数派社区实际上是自治的，由他们自己的宗教法庭治理，这些法庭的裁决高于奥斯曼法律。与当时大多数欧洲国家奉行的武力强迫皈依的策略相比，奥斯曼帝国的这些制度算是很进步了。

但在 1914 年，奥斯曼人犯了一个致命错误。他们在第一次世界大战中加入了失败的一方（德国和奥匈帝国），所以无力抵制战胜国列强（英法）的谋划。英法在一战前就已经吞并了奥斯曼帝国在北非的领土，其中最重要的是埃及和阿尔及利亚。在 1919 年的巴黎和会上，英法对阿拉伯腹地垂涎三尺，志在必得。根据一度保密的《赛克斯－皮科协定》（Sykes-Picot Agreement），阿拉伯地区将被英法瓜分。英国外交部官员给此计划取的绰号是"大抢劫"（Great Loot）。从这就可以看出，欧洲人不可能像奥斯曼人那样温和而巧妙地统治这片土地。

但在欧洲帝国主义者的征途上有一个潜在障碍：美国总统伍德罗·威尔逊。他当初靠结束帝国主义时代的承诺才说服美国人参加第一次世界大战，如今在巴黎和会上，他雄辩地主张让"诸小国"自己决定自己的政治前途。威尔逊的高尚宣言遭到他的英法盟友的激烈抵抗，于是他做了政治家在类似情况下一般会做的事情：他组建了一个委员会。这个所谓的金－克兰委员会于 1919 年 6 月 10 日乘船抵达雅法港。他们的使命可谓史无前例。他们的计划是听取当地居民的意愿，看他们想要什么样的政府。

金－克兰委员会在土耳其和大叙利亚地区（greater Syria）旅行了将近两个月，在各城镇的市政厅与形形色色种族与宗教群体的代表会谈。会谈结果惊人的一致。没有人希望被英国人统治，对法国人则更为憎恶。他们想要独立；如果得不到独立的话，就希望美国人来治理他们，或者建立一个由美国领导的托管政府。

金－克兰委员会在回法国途中兢兢业业地撰写了具有爆炸性结论的报告，大家一致建议美国接管叙利亚。但委员会给出这个建议，说明他们严重误读了美国总统的意愿。伍德罗·威尔逊虽然喜欢教导他的欧洲盟友在道德方面的责任，但不愿意让美国自己承担海外义务。金－克兰委员会的调查结果让威尔逊不满，并且是一个潜在的尴尬。所以委员会报告被封存在保险箱里，任何人都不能接触或阅读，直到三年后《纽约时报》泄露了这份报告。到那时，"大抢劫"已经是既成事实，边界已经划定。就是这些人工构建的国界线，在差不多一百年后的"阿拉伯之春"期间骤然崩溃。同样，美国人心血来潮、反复无常的先例也确定下来了，在随后一个世纪里他们经常这样摇摆不定，时而让阿拉伯人心中燃起希望，时而又让同一群人大失所望。

在美索不达米亚，英国人把旧奥斯曼帝国的三个行省联合起来，称之为伊拉克。这三个行省的最南部被什叶派阿拉伯人主宰，中部属于逊尼派阿拉伯人，最北部则由库尔德人控制，他们不属于阿拉伯民族。在伊拉克以西，欧洲列强采取的是截然相反的策略，将"大叙利亚"这片广袤土地切割成若干较小的、较易于管理的部分。法国人统治比"大叙利亚"小很多的新的叙利亚国家，它基本上相当于今天的叙利亚共和国。法国人还控制了沿海飞地黎巴嫩。英国人控制了巴勒斯坦和外约旦。它们相当于"大叙利亚"的南部，最终变成了今天的以色列和约旦。稍晚之后的 1934 年，意大利将自己 1912 年时从奥斯曼帝国手中夺取的三个北非古老地区合并起来，组成了利比亚殖民地。

为了压制这些地区桀骜不驯的人民，欧洲列强采用分而治之的策略。19 世纪末欧洲列强殖民撒哈拉以南非洲的时候，这种策略发挥过很大作用。欧洲人向当地的某些少数民族或宗教少数派赋予权力，让他们担任地方行政官员，并相信这些少数群体永远不会背叛外国主子，因为那样的话他们会被丧失政治权力的多数派吞没。

为了这个目的，英国人把他们在战时的阿拉伯盟友之一费萨尔·侯赛因带到了伊拉克，扶植他当伊拉克国王，尽管费萨尔与这个地区没有任何联系。在这个什叶派占多数的国家，他的王国赋予逊尼派支配地位。法国人则做了相反的事情，他们在逊尼派占多数的叙利亚扶植阿拉维派（什叶派的一支）和基督教少数派，让这些人当法国殖民统治的爪牙。在利比亚，意大利人想出了一个新颖的办法。因为利比亚的两个主要地区的黎波里塔尼亚（Tripolitania）与昔兰尼加（Cyrenaica）之间存在历史悠久的竞争，意大利人就让两个地区的最大城市的黎波里与班加西同时担当新国家的首都。

以上仅仅是欧洲列强分而治之策略的最表面。在表层的宗教与地区差异之下，这些"国家"里还有错综复杂的部落、次级部落与氏族的差别。这些古老的社会秩序仍然是当地人主要的身份认同与效忠对象。就像美国军队和白人定居者在征服北美大陆西部时对待印第安人部落那样，英法和意大利殖民者狡猾地让不同群体互相对立，向某些群体赠予好处（武器、粮食或清闲的肥差），唆使他们去攻击别的群体。但有个很大的差别是，在北美大陆西部，定居者留在了当地，土著部落体系基本上被消灭了。而在阿拉伯世界，欧洲人最终离开了，但他们煽风点火的那些教派与部落矛盾依旧存在。

20 世纪上半叶，欧洲列强的上述做法相当有效。这主要是因为当地长期的贫困和技术落后。欧洲帝国主义者和与其结盟的商业利益集团通过走上层路线，拉拢当地的小型精英群体，并为听命于西方的当地傀儡统治者撑腰，可以在很大程度上无视当地人民心中积累的怨恨。而一旦怨恨爆发出来，列强就采取迅捷而残暴的措施去镇压。最极端的一个例子是 20 世纪 20 年代末利比亚昔兰尼加省的塞努西起义①。1930 年起义被镇压下去的时候，意大利人已经用毒气和大规模处决等手段杀死了昔兰尼加总人口的约四分之一。在英国统治下的埃及和伊拉克，殖民者采用更巧

---

① 塞努西是殖民时代利比亚和苏丹的一个伊斯兰教苏菲派教团和部族，20 世纪初曾反抗法国和意大利殖民者，一战期间反对英国；20 世纪 20 年代末反抗意大利的殖民统治，损失惨重。二战期间，塞努西运动支持英国，反对德国与意大利。塞努西运动创始人的孙子于 1951 年成为利比亚国王，即伊德里斯一世（1889 ~ 1983）。他于 1969 年被卡扎菲推翻。卡扎菲统治时期，塞努西运动受到迫害。

妙的手段来主宰当地人民。英国人在 1922 年赋予埃及名义上的独立，1932 年又让伊拉克独立，但在两国的独立法案里添加了"互助"条款，让两国允许英国继续驻军并控制它们的外交。

第二次世界大战结束后，这一切都迅速发生变化。英法的殖民帝国显然日薄西山。和发展中世界的其他地方一样，中东的各种民族主义群体开始高声疾呼，要求独立。与此同时，在沙特阿拉伯和伊拉克发现了丰富的石油储藏，这让中东地区从一个经济落后、死气沉沉的偏僻角落变成了具有关键地缘政治意义的战略要地。1948 年以色列建国令整个阿拉伯世界怒不可遏，也进一步促进了阿拉伯世界的政治觉醒。到 20 世纪 50 年代初，阿拉伯民族主义已经展翅欲飞，只需要一位魅力十足、能够激起阿拉伯人民的渴望并理解他们内心挫败感的领袖人物。时年三十四岁的埃及陆军中校迦玛尔·阿卜杜尔·纳赛尔就是这样一位领袖。

1

莱拉·苏埃夫

埃及

开罗，花园咖啡厅。莱拉·苏埃夫掐灭了手中的烟头，短暂地咳嗽一声，又点了一根烟。

莱拉现年六十一岁，在过去三十四年里是开罗大学的数学教授。但埃及公众之所以知道她，是因为在反政府的街头示威活动中她几乎无处不在。虽然这些年来她的激进政治立场有所缓和，但在游行示威中，大家还是能根据她的头发一眼认出她来。遵照当代埃及文化的风俗，上了年纪而有身份的女人总会把头发染黑并做发型，但莱拉的头发较短、乱蓬蓬的，并且灰白斑驳。

莱拉的父母都是大学教授，她是最小的女儿，生来就享受丰裕的生活与思想自由（她的姐姐阿赫达夫·苏埃夫是埃及最著名的当代小说家之一），年纪轻轻就开始参与社会政治活动。纳赛尔统治时期其实是鼓励女性参加社会活动的，不过也要有界限。

"纳赛尔时期的政府压迫人民，"她说，"但与此同时，只要

莱拉·苏埃夫在开罗家中

远离政治，我们还是能做很多好事。如果像我父母那样集中精力于公益，政府是不会管的。"

　　莱拉首次参加政治色彩显著的示威活动时，年仅十六岁。那是 1972 年，纳赛尔去世已经两年了，示威者呼吁的是学生运动经常提出的目标：更公平的世界、更多言论自由。但他们有一项要求更具体地与阿拉伯世界有关：要求纳赛尔的继任者安瓦尔·萨达特发动战争去收复 1967 年六日战争（即第三次中东战争）期间被以色列占领的西奈半岛。通过这次亲身经历，莱拉很快就对"公民不服从"拥有的强大力量坚信不疑。萨达特果然于次年向以色列发动袭击。但莱拉没想到父母会为她参加街头示威而大发脾气。莱拉加入开罗解放广场①的示威仅仅两个钟头之后，她的父母就找到了她，把这个少女硬拖回家。她说："从这事里我就明白了，挑战政府比挑战父母容易。"

从此莱拉·苏埃夫坚定地走上了政治道路，不肯动摇。20世纪70年代中期在开罗大学攻读数学期间，她认识了后来的丈夫艾哈迈德·赛义夫（Ahmed Seif），他此时已经是一个主张革命的共产主义学生地下小组的领导人。这个时期，埃及早就被视为中东的政治首都及革命运动和革命思想的发源地，而纳赛尔的领导让埃及在这方面的声誉更加巩固。

1952年，下级军官组成的名叫"自由军官运动"（Free Officers Movement）的地下组织推翻了听命于西方的埃及国王，纳赛尔很快成为自由军官运动里最具活力的人物。他支持"阿拉伯社会主义"和泛阿拉伯团结思想。他也迅速成为阿拉伯世界最激动人心的领袖人物，为阿拉伯人发声。阿拉伯人被外国人和受西方教育的精英阶层统治已经太久了。这位铁腕人物之所以广受爱戴，一个关键原因是他坚决反对殖民主义、帝国主义和以色列。毕竟以色列是西方干预中东的最显眼、最长久的例证。

虽然纳赛尔慷慨激昂地反对西方，至少在起初，他的崛起似

---

① 解放广场是开罗市中心的一处大型广场，最早被称为伊斯梅尔广场，得名自19世纪的埃及统治者伊斯梅尔。1952年的埃及七月革命之后，为了纪念埃及的政治制度从君主立宪制转变为共和制，广场的名字更改为解放广场。2011年推翻穆巴拉克的革命和2013年推翻穆尔西的革命/政变，都以解放广场为主要的游行示威场所。

乎让美国有了一个新的机会在阿拉伯世界赢得美誉。和第一次世界大战之后的伍德罗·威尔逊一样，富兰克林·德拉诺·罗斯福总统也设想第二次世界大战结束之后，殖民主义时代会终结，会出现一种各国互助合作的新世界秩序。他钟爱的联合国受到了威尔逊的国际联盟的启发，尽管国际联盟后来失败了。罗斯福的梦想也很快破灭，美国和苏联之间发生了冷战。罗斯福的继任者，先是哈里·S. 杜鲁门，后来是德怀特·D. 艾森豪威尔，都对输出民主和拆解战前旧秩序不是很感兴趣。他们更感兴趣的是支持那些反苏的代理国。一段时间里，纳赛尔是中东局势里难以揣测的因素之一，美国通过一系列慷慨的承诺和隐晦的威胁，希望把这位年轻的埃及领导人拉拢到自己这边。但美国的努力以惨败告终，最后的爆发点就是艾森豪威尔政府阻止西方国家向纳赛尔的阿斯旺水坝工程提供援助，而苏联火速赶来，为埃及提供资金。这就提升了纳赛尔作为反西方斗士的威望。等到 1956 年苏伊士运河危机期间他战胜了英法与以色列的时候，他在阿拉伯世界的威望如日中天。

纳赛尔的成功激励了其他许多想要成为阿拉伯国家领袖的人士，尤其是在欧洲列强留下的几个人工构建的中东国家里。1968年，信奉"复兴理念"（Baathist philosophy，一种近似社会主义的泛阿拉伯主义）的军官在伊拉克和叙利亚夺权成功。次年，利比亚陆军中尉穆阿迈尔·卡扎菲也取得了政权。他那有点让人摸不着头脑的"第三国际理论"排斥传统的民主制，主张由

"人民委员会"执掌政权。在这三个国家，和在埃及的情况一样，亲西方的君主（或议会）被压制或废黜（解散）。和埃及领导者一样，这三个国家的领导者都倾向于和苏联结盟，并用消灭以色列的口号来激励自己的国民。

但纳赛尔拥有一项优势，那是该地区的其他几位领导者没有的。埃及的民族认同已经有几千年历史，从来没有真实的分裂危险。在埃及，部落、氏族或教派的离心力不像在叙利亚或伊拉克那样强。并且，虽然埃及的意识形态从世俗的共产主义到宗教激进主义什么都有，纳赛尔能够让埃及国民在对西方的立场上达成共识，这或许是英国对埃及七十年高压统治的遗产。

所以，即便纳赛尔的世俗化举措让伊斯兰教保守派紧张和警觉，绝大多数埃及人仍然视他为英雄，因为他将埃及境内的西方企业国有化，因为他坚决敌对以色列，因为他在苏伊士运河危机中赢得了胜利。类似地，苏埃夫家族那样的城市自由派虽然鄙视纳赛尔的铁腕统治（他毕竟是个军人独裁者），但也为他喝彩，因为他在国际不结盟运动中发挥了领导作用，因为他轻蔑地拒绝服从美国，拒绝让埃及加入美国的冷战阵营。纳赛尔和他的继任者安瓦尔·萨达特就是这样维持政权的：在国内左派和右派之间游走，唆使双方互相敌对，从中得利，并视其为理所当然；一旦有需要，就集中力量对付外部敌人，从而让国内左右两派团结起来。这种策略导致埃及出现了很多怪异的政治变化，包括莱拉·苏埃夫参加的首场支持战争的示威。

　　莱拉和艾哈迈德在开罗大学期间一直为左翼事业奋斗，后于1978年结婚。这一年，埃及政局发生大逆转，因为萨达特签署了《戴维营协议》，在美国调停下与以色列议和。这场惊人的逆转是萨达特政策的巅峰，他致力于逐渐脱离纳赛尔的泛阿拉伯理想，并停止埃及与苏联的"眉目传情"。但这同时让埃及进入了美国附庸国的阵营，让埃及在阿拉伯世界一下子被孤立了。对萨达特来说更凶险的是，他的举措在西方看来是勇敢的义举，在很多埃及人看来却是卖国求荣。莱拉和艾哈迈德就是这么想的。1979年和约（即《埃以和约》）签订之后，艾哈迈德的地下小组的部分成员开始在黑市收购枪械，并发誓要对政府发起"武装行动"。这些计划并没有落实，但此时萨达特在埃及政治光谱的各个位置上都树了敌。最后，一群伊斯兰军事密谋者于1981年10月在开罗的一次阅兵式上刺杀了埃及总统萨达特。

　　一个月后，莱拉生下了她和艾哈迈德的第一个孩子，是个男孩，取名为阿拉（Alaa）。他们过上了日常的家庭生活，越来越脱离政治。1983年，二十七岁的莱拉一边养育孩子，一边在开罗大学当数学教授。但萨达特的继任者胡斯尼·穆巴拉克命令强力镇压反政府势力的时候，莱拉一家的生活也被扰乱了。艾哈迈德和他在地下小组的同志被逮捕了。艾哈迈德遭到毒刑拷打，被迫签了认罪书，随后被释放，听候发落。1984年年底，噩耗传来，对他的判决下来了：他的罪名是非法持有武器，被判五年徒刑。

　　当时莱拉正在法国进修，但艾哈迈德的判决发布之后，她立刻带着阿拉赶回开罗。埃及法律里有一个奇怪的漏洞，像艾哈迈德这样的与国家安全有关的刑罚必须得到总统批准。这个过程一般需要几个月，在这期间，被告可以假释出狱。所以夫妻俩面临一个极具诱惑的选择。

"我们必须做出选择，"莱拉告诉我，"他应当屈服并入狱五年吗？或者我们想办法把他送出国，或者我们藏起来？"她耸耸肩，淡淡地说："最后我们决定藏起来。"

一连好几个月，夫妇俩带着三岁的儿子过着逃亡生活。但最终，艾哈迈德和莱拉都认识到，这是徒劳的。"他不肯出国，"莱拉说，"也不能一辈子藏起来。他觉得还是坐五年牢比较容易，于是他自首了。"但这对莱拉来说不轻松。她和艾哈迈德逃亡的短暂期间她又一次怀孕，现在艾哈迈德服刑期间她只能孤身照料第二个孩子，是个女孩，取名为莫娜（Mona）。

艾哈迈德在狱中经历了一次顿悟。穆巴拉克继续执行萨达特开始的亲美和亲以色列立场，所以和萨达特一样，他也被很多埃及人视为卖国贼。穆巴拉克没有办法像过去那样通过打"外部敌人"这张牌来促进国家团结，毕竟埃及如今和那些所谓的敌国成了朋友，所以他必须设计出更巧妙的体制，来挑拨世俗化左派和伊斯兰右派（这两派都敌视穆巴拉克）互相攻击。艾哈迈德的狱友当中两派都有。即便在最基本的人权方面，穆巴拉克的策略也发挥了作用，艾哈迈德亲眼见证了这一切。他后来告诉"人权观察"组织的乔·斯托克（Joe Stork）："共产主义者私下里说，伊斯兰主义者①被拷打，没什么大不了的。伊斯兰主义者则说，为什么不拷打共产主义者？"艾哈迈德发誓要为司法改革而奋斗，于是在狱中学习法律。他于1989年出狱不到一个月后，就获得了埃及律师资格。

于是，这位前政治犯和他的妻子走到了十字路口。莱拉是开罗大学的终身教授，艾哈迈德现在是律师。他俩有条件在开罗的精英阶层中过上舒适的生活。他们却更深入地参与埃及那越来越动荡的政治，努力在意识形态鸿沟之上构建桥梁，而政府的生存依赖于这些鸿沟的存在。在这过程中，莱拉和艾哈迈德将会付出沉重的个人代价。

---

① 伊斯兰主义的概念复杂而暧昧，很难给出准确的定义。它实际上包括很多种不同思潮，一般要求以伊斯兰教原则指导公共生活和政治生活，或建立沙里亚法主导的国家/社会，排斥西方文化的影响。很多人将伊斯兰主义理解为政治化的伊斯兰，或者将其与伊斯兰原教旨主义画等号。有的伊斯兰主义者主张通过暴力革命达到自己的目标，有的则主张通过和平的改革。有的伊斯兰主义者由此变成了极端分子。

2

马基迪·曼古什

利比亚

米苏拉塔（Misurata）位于利比亚首都的黎波里以东约120英里处，一度是繁荣的港口城市，是跨越撒哈拉沙漠的古老贸易路线的一个主要终端。从撒哈拉以南非洲运来黄金与奴隶（用于出口到地中海彼岸）的骆驼商队就在这里歇脚。从那以来，米苏拉塔一直是利比亚主要的商业枢纽之一，这里的居民享有勤劳和擅长经商的声誉。曼古什氏族在米苏拉塔地位显赫，城市最古老的区之一就以该氏族的姓氏①为名。1986年7月4日，就在这个区，米苏拉塔市政府公务员奥马尔和法特赫娅·曼古什（Omar and Fatheya el-Mangoush）的第六个孩子，也是最小的孩子降生了。他们给这个男孩取名为马基迪。

马基迪出生时，穆阿迈尔·卡扎菲统治利比亚已经十七年了。1969年，年仅二十七岁的通信兵中尉卡扎菲和他的军人同谋推翻了利比亚国王，当时西方将他视为一个潇洒、鲁莽而肆无忌惮的

---

① 严格来讲，阿拉伯人并没有姓。阿拉伯人的名字一般分成若干节，顺序一般是本人名、父名、祖父名，随后是家族、部落、出生地、职业等。

狂徒。政变之后的岁月里，卡扎菲在利比亚深受爱戴。他之所以受民众欢迎，关键是他特意效仿邻国埃及的迦玛尔·阿卜杜尔·纳赛尔。和纳赛尔一样，卡扎菲也将西方企业国有化，包括对利比亚至关重要的石油工业中的部分企业，并坚决反对以色列。他与部分国民分享财富，让曼古什这样的家庭能过上舒适的中产阶级生活。

但随着时间流逝，卡扎菲的统治与埃及的"软性"独裁的相似度越来越低，反倒越来越像另外两个受纳赛尔影响的政权：伊拉克的萨达姆·侯赛因复兴党政权和叙利亚的哈菲兹·阿萨德政权。利比亚与这两个政权的相似之处极为显著。在这三个国家，独裁者都发展出了复杂的个人崇拜（海报、壁画和邮票上都有领导人的肖像）。另外与埃及不同的是，利比亚、伊拉克和叙利亚继续支持阿拉伯国家的"反帝国主义"阵营，并且与苏联的联系越来越紧密，反西方的立场也越来越坚决。根据复兴党的"阿拉伯社会主义"信条和卡扎菲的第三国际理论，这三个国家都雄心勃勃地开展公共事业，在全国建造医院、中小学和大学，并用石油收入（利比亚和伊拉克的情况）或苏联的援助资金（叙利亚的情况）来支付这些工程的开销。与此同时，三国都搭建起极度膨胀的政府机构，让政府各部和机关迅速成为经济的主要支柱。最终，利比亚劳动力的一半以上（包括马基迪·曼古什的父母）都成为"吃皇粮"的公家人，这也与萨达姆·侯赛因统治下的伊拉克的情况类似。"每个人都与国家有某种联系，"马基迪解释道，"住房、工作，都依赖于国家。在国家之外无法生存。"

　　尽管满嘴慷慨激昂的革命话语，利比亚、伊拉克和叙利亚的独裁者始终清楚，他们的国家实际上是人工建构的产物。这意味着，他们的很多臣民主要的效忠对象不是国家，而是各自的部落，或者更宽泛地说，是各自的民族或教派。因此，国家想要迫使国民对其效忠，就必须软硬兼施。在利比亚、伊拉克和叙利亚这三个国家，领导人进入了各部落和氏族之间错综复杂的联盟。如果你的部落与独裁者搞好关系，就可能得到一个政府部门或一门利润丰厚的生意的控制权；如果得罪了独裁者，你们就全完了。独裁者还细心地与少数民族建立联系，让足够数量的什叶派人士和库尔德人进入政府，以便让他的政府显得包罗万象。哈菲兹·阿萨德统治下的叙利亚的多数人口为逊尼派，但统治者是占少数的阿拉维派，并且他还事实上与叙利亚的基督徒少数派结盟，让这个重要的少数群体也有理由支持现状。

　　在利比亚，独裁者的结盟工作还有独特的地理因素。除了两个主要地区的黎波里塔尼亚和昔兰尼加之间历史上的矛盾之外，还有地中海沿岸的定居者带来的问题。一千多年来，利比亚沿海出现了一系列半自治的城邦，它们抵制中央的统治。卡扎菲不需要担心宗教派系冲突，因为利比亚几乎所有人都是逊尼派穆斯林，但他需要把足够数量的米苏拉塔人和班加西人拉拢进自己的统治集团，从而抚慰各个群体。

　　如果金钱收买和亲切握手不能奏效的话，还可以动用大棒。利比亚、伊拉克和叙利亚的国家安全机构位于全世界最残暴、最

无所不在的机构之列。三个独裁政权的地方安全部队，即所谓的
"穆哈巴拉特"（mukhabarat），无所顾忌地搜捕国家的敌人，不
管是真实存在的敌人，还是他们想象的敌人。在装腔作势的虚假
审判之后，政治犯被投入地牢，或者干脆被就地处决。镇压对象
不限于具体的个人，往往还指向整个部落或民族。最臭名昭著的
例子就是 1988 年萨达姆·侯赛因的"安法尔行动" （Anfal
Campaign），他残酷镇压了伊拉克境内始终桀骜不驯的少数民族
库尔德人。这起惨案中约有 5 万 ~ 10 万库尔德人死亡，许多村
庄被夷为平地，数十万人被驱逐出自己的家园，强行搬迁。

利比亚的黎波里集市的一名女子，2002 年

马基迪·曼古什在米苏拉塔长大成人。他发现，政府不会忘
记自己受到的冒犯，始终睚眦必报。1975 年，他母亲的两位亲

戚，都是中层军官，参加了一次反对卡扎菲的政变，但政变失败了。这两人都被处死，但他们的死还不足以洗去曼古什家族蒙受的污点。（马基迪的母亲也属于曼古什氏族，所以在结婚之前就用这个姓氏。这是利比亚社会恒久的部落性质的一个例证。）

"我们并没有因为这事受到直接的迫害，"现年三十岁的马基迪解释道，"但当官的总会这样说：'哦，你是曼古什的人。'这意味着政府始终在密切监视你，永远不会完全信任你。"

在利比亚、伊拉克和叙利亚三国都有一个群体被政府认定是完全不可信赖的，所以始终遭到打击。那就是伊斯兰宗教激进主义者（Islamic fundamentalist）。在叙利亚，即便宣称自己是逊尼派，也会引起政府的怀疑。在伊拉克，如果自称是什叶派，也会招致政府的敌意。在这三个国家，穆哈巴拉特都奉命监视保守派神职人员和宗教宣传鼓动者。对伊斯兰宗教激进主义的打击往往很粗暴和赤裸裸。1982 年 2 月，穆斯林兄弟会（Muslim Brotherhood）①

---

① 穆斯林兄弟会是一个跨国的逊尼派伊斯兰主义组织，1928 年由埃及宗教学者和教师哈桑·班纳创建，在阿拉伯世界很有影响力。穆斯林兄弟会最早只是一个宗教性社会团体，除推行伊斯兰教信仰外，还设立教育和医疗机构。1936 年之后，因为反对英帝国在埃及的殖民统治，穆斯林兄弟会成为现代伊斯兰世界最早的政治异见团体。他们推动的政治运动在伊斯兰世界形成一股风潮，扩散到许多伊斯兰国家。穆斯林兄弟会的目标是让《古兰经》与圣行成为伊斯兰家庭与国家最主要的核心价值。2012 年，穆斯林兄弟会首次在埃及以民主选举的方式获得政权，兄弟会领导人穆尔西成为埃及总统，但他后来被军人集团推翻。今天支持穆斯林兄弟会的主要国家有卡塔尔和土耳其，而巴林、埃及、俄罗斯、叙利亚、沙特阿拉伯和阿拉伯联合酋长国认定它为恐怖组织。

旗下的一群叙利亚逊尼派宗教激进主义者占领了哈马城的一部分，哈菲兹·阿萨德派遣地面部队、坦克和大炮将那个地方团团围住。在随后为期三周的"哈马大屠杀"（Hama massacre）中，约有 1 万～4 万市民死亡。

但铁腕独裁者往往有变态心理。在这方面，卡扎菲、萨达姆和阿萨德很相似。部分原因是所谓"皇帝的新装综合征"（naked-emperor syndrome），即领导人被阿谀奉承之徒簇拥，逐渐脱离现实。另一个原因植根于警察国家的特性。安全部队的镇压越是残酷，真正的异见人士就越是潜入地下，让独裁者很难判明谁是他的真正敌人，这就让他的迫害妄想症和偏执症越是严重。而只有更残酷的镇压，对独裁者本人更严密的安保，才能缓和他的心理疾病。20 世纪 90 年代初，这个恶性循环已经在伊拉克、叙利亚和利比亚制造出了荒诞的矛盾：领导人越是推行英雄崇拜，并在全国各地张贴自己的肖像，他们本人就越是离群索居。比如，利比亚的人口数量还不及印第安纳州，但马基迪·曼古什在二十五年里只亲眼见过卡扎菲一次。他在公开场合也只骂过独裁者一次。"只有在家里，或者在最信赖的朋友面前，才敢这么做，"马基迪解释道，"如果在别人面前想说哪怕只有最轻微批评意味的话，就称他为'我们的朋友'。"

利比亚、伊拉克和叙利亚随处可见的海报、壁画和镶嵌画上的伟人肖像还有一个显著特点。在很多肖像里，沉思的卡扎菲、微笑的萨达姆或挥手致意的阿萨德周围，是各自国家的国界线。

这种设置也许是为了传达一条简单的信息："我是国家领袖。"
但这些人工构建的国家的独裁者还有可能是在传达一条更野心勃
勃也更具有训诫意义的信息："我就是国家。如果我不在了，那
么国家就没了。"当然，米苏拉塔的曼古什氏族（名望极高，甚
至有专门的区以他们的名字命名；同时又恶名昭著，始终带有叛
国者的污点）私下里期待的就是这种局面。

3

阿扎尔·米尔汗

库尔德斯坦

1975 年年初，莱拉·苏埃夫在开罗大学继续鼓动政治变革，而赫索·米尔汗（Heso Mirkhan）将军即将遭到背叛。米尔汗是穆斯塔法·巴尔扎尼（Mustafa Barzani）的主要副将，而巴尔扎尼是伊拉克库尔德人的传奇军事领袖。前一年，兵力处于绝对劣势的库尔德武装，即所谓的佩什梅格，打了一场残酷的游击战，去对抗巴格达的复兴党政府，并与伊拉克政府军打成平手。对库尔德人的成功至关重要的是，中央情报局秘密为他们源源不断地提供武器，同时伊朗军事顾问为其提供援助。此时，伊朗正在美国支持下与伊拉克打一场边境战争。但在 1975 年 3 月初，伊朗国王和萨达姆·侯赛因突然缔结和约，结束了战争。美国国务卿亨利·基辛格下令立刻停止对库尔德人的军援。面对伊拉克军队的全面进攻，穆斯塔法·巴尔扎尼乘飞机离开前线，在美国弗吉尼亚州的一座中央情报局安全屋了却残生，但成千上万被困的佩什梅格战士，包括赫索·米尔汗，不得不面对残酷的噩运。萨达姆·侯赛因的士兵步步紧逼，米尔汗将军带领家人焦急地翻山越岭，企图在伊朗找到避难所。途中，他的妻子又生了个儿子。

"条约于 1975 年 3 月 6 日签订，"现年四十二岁的阿扎尔·米尔汗解释道，"我生于 3 月 7 日。我母亲在伊朗与伊拉克边境的路上生下了我。"他忧伤地浅浅一笑。"所以我们家人一直管我叫'幸运儿'。库尔德式的幸运。"

确实，和库尔德人一样不幸的民族很难找。他们分散在四个国家——伊拉克、伊朗、叙利亚和土耳其之间的山区，一直自视为与邻居在文化上迥然不同，并始终在为了独立而奋斗。对不肯服从的库尔德人，这四个国家的政府倾向于既畏惧又不信任，所以轮流出手，粉碎他们的独立梦。这四个国家的政府还不时雇用库尔德人（要么是他们自己的公民，要是邻国的公民）作为代理战士，去攻击或者骚扰当时的区域性敌人。历史上，这样的冲突结束时，库尔德人就失去了利用价值，于是雇主迅速抛弃他们，就像 1975 年的"大背叛"那样。

在过去一个世纪里，库尔德斯坦（Kurdistan）发生的起义和代理战争不胜枚举，赫索·米尔汗的上级穆斯塔法·巴尔扎尼的履历能帮助我们对此有个概念。巴尔扎尼于 1979 年去世，享年七十五岁，一辈子打了无数的仗。他的敌人包括土耳其、伊朗（两次与其交战）和伊拉克中央政府（四次与其交战），他甚至还有精力与奥斯曼人、英国人和一群库尔德竞争对手交锋。叙利亚、伊朗和土耳其境内的库尔德人也都有自己的游击队和独立运动，所以再把巴尔扎尼的经历乘以四，那么就可以明白库尔德斯坦的连年战火有多惊人了。

虽然四国政府害怕有一天会出现一个"大库尔德斯坦"与它们对抗，但事实上，四国的库尔德人之间的差异已经超过了相似之处。方言、政治立场甚至服饰，都有差异，但他们有一个共同点，即历史悠久的军事传统。在伊拉克北部的库尔德人当中，没有比米尔汗家族更威名赫赫的佩什梅格（字面意思是"直面死亡的人"）家族了。

阿扎尔·米尔汗医生和他九个兄弟中的四人都追随父亲的脚步，接受了佩什梅格战士的训练。如今他的兄弟阿拉兹是前线的佩什梅格高级指挥官。但他们家为了自己在战士阶层中的地位也付出了沉重代价。老父亲赫索于1983年阵亡。阿扎尔的哥哥阿里于1994年战死。

在历史上，伤害库尔德人的不只是该地区的各国政府。事实上，给伊拉克北部库尔德人带来最大伤痛的是美国。美国在参与1975年"大背叛"的仅仅十年后又一次参与了对库尔德人的伤害，尽管这一次美国的施害方式是保持沉默。

当时，美国在该地区的主要盟友伊朗国王已被推翻，取而代之的是大阿亚图拉①霍梅尼领导的反美的什叶派宗教激进主义政府。华盛顿在该地区寻找新的搭档，最终选择了曾经的敌人，复

---

① 阿亚图拉是一个头衔，是伊斯兰教什叶派十二伊玛目派的高级宗教学者，其中最高等级的被称为大阿亚图拉，意为"真主最伟大的象征"。最有名的大阿亚图拉包括伊朗前最高领袖霍梅尼、伊朗现最高领袖阿里·哈梅内伊等。

兴党领袖萨达姆·侯赛因。伊拉克独裁者又一次与伊朗交战，但这一次是与霍梅尼政权对抗。美国秘密地向陷于停滞、止步不前的伊拉克军队输送武器，于是萨达姆得以将两伊战争一直拖了八年，以超过 100 万人死亡为代价。1988 年，伊拉克的暴君已经是里根政府在该地区的现实政治的重要组成部分，所以在萨达姆向他的库尔德臣民发动凶残的"安法尔行动"时，里根政府视而不见。这年 3 月，萨达姆又一次突破了邪恶的底线，让伊拉克军队在库尔德小镇哈莱卜杰施放毒气，毒死了约 5000 人。铁证如山，萨达姆就是罪魁祸首，后来 2006 年对萨达姆的审判就重点审理了哈莱卜杰惨案。但当时的里根政府官员撒谎说，这是伊朗人干的。

最终让美国与萨达姆·侯赛因撕破脸皮的，是 1990 年伊拉克独裁者决定入侵邻国科威特，这不仅让西方国家不满，也惹恼了伊拉克的大部分阿拉伯邻国。变态的是，此事险些让伊拉克政府屠杀库尔德人而华盛顿置若罔闻的悲剧重演。但 1990 年的海湾战争最终导致库尔德人获得解放，也标志着美国径直闯入了伊拉克极其复杂的教派与民族冲突。

面对咄咄逼人的萨达姆，乔治·H. W. 布什（老布什）总统组建了一个国际军事联盟。在"沙漠风暴"行动中，联军迅速歼灭了科威特境内的伊拉克军队，随后长驱直入，杀入伊拉克本土。萨达姆政府崩溃在即，老布什鼓励伊拉克人民起来反抗。伊拉克两个被边缘化的少数群体，南部的什叶派和北部的库尔德人，都积极地揭竿而起。然而美国人突然停下了进军脚步，因为老布什政府这时才认识到，萨达姆的覆灭可能会让仍然反美的伊朗渔翁得利，于是命令美军停止前进，放任伊拉克军队重整旗鼓、开始无情的反扑。

为了防止在美国鼓励下起义的人群遭到伊拉克政府军屠杀，美国与其盟国在库尔德斯坦建立了一个缓冲地带，还在伊拉克北部和南部分别设立禁飞区。当然，萨达姆·侯赛因还在巴格达，并且蓄势待发，随时准备发动报复。老布什政府得出的结论是，他们没有办法帮助地理上孤立的伊拉克南部的什叶派（这些人很快遭到了萨达姆的血腥报复），但为了保护库尔德人，美国人强迫萨达姆从整个库尔德斯坦撤军。1992 年 7 月又有了新的进展，伊拉克的三个库尔德省份联合起来，组成了自治的库尔德斯坦地区政府（Kurdistan Regional Government，也叫伊拉克库尔德斯坦，或库尔德自治区）。

老布什政府很可能仅仅将库尔德人的分离视为权宜之计，打算等巴格达的暴君垮台、危险消失之后就取消库尔德斯坦地区政府。但长期受苦受难的伊拉克库尔德人不是这么看的。自 1919 年以来，他们第一次摆脱了巴格达的桎梏，有了自己的"国家"，尽管是有实无名的国家。当时很少有西方人意识到库尔德斯坦地区政府创建的意义：它标志着七十年前殖民主义强加于该地区的边界开始被拆解，也标志着中东人工构建的国家之一受到了事实上的拆分。当然，对此举感受最深的是伊拉克。这个原本就没有多少民族认同的国家如今正式分裂了。更重要的是，在占伊拉克总人口 17% 的非阿拉伯裔库尔德人脱离伊拉克之后，原本就只占少数的阿拉伯裔逊尼派统治者在伊拉克剩余部分中就更是少数派了，而受到边缘化的什叶派占总人口的比例进一步提升。就这样，在 1992 年，西方制造了教派冲突的定时炸弹。一旦萨达姆·侯赛因丧失政权，这枚炸弹就会爆炸。

更直接的后果是，库尔德斯坦地区政府创建之后，数万名流亡海外的伊拉克库尔德人开始返回故乡。1994 年，返乡的库尔德人当中就有十九岁的大学生阿扎尔·米尔汗，他此前的几乎整个人生都是作为流亡者在伊朗度过的。

4

马吉德·易卜拉欣

叙利亚

被毁之前的霍姆斯是个宜人的地方。这座约有 80 万人口的城市坐落在叙利亚中央山谷的平坦腹地，但距离沿海山脉的山麓较近，所以不会像中央山谷其他地方那样在夏季酷热难当。不过，游客也不会在此地长久驻足。霍姆斯的历史可以追溯到希腊和罗马时代之前，却没有多少古迹保存下来。碰巧经过的游客一般会快速赶往骑士堡，这座著名的十字军城堡位于霍姆斯以西30 英里处。霍姆斯老城区有一座有凉棚遮挡的集市，颇有趣味，还有一座虽不起眼但优雅可观的古老清真寺。除此之外，霍姆斯的外貌和其他的叙利亚现代城市差不多。市中心的核心地带是一些单调乏味、墙皮剥落的政府办公楼，周围是五六层高的公寓楼。郊区可见许多毫无装饰的煤渣砖房和伸出的钢筋，这些东西让中东的很多郊区看上去像是正在施工或刚被遗弃的工地。

但在横遭毁灭之前，霍姆斯享有一项声誉：叙利亚是阿拉伯世界里宗教最混杂的国家，而霍姆斯是叙利亚境内宗教最多元化的城市。叙利亚全国人口的约 70% 是阿拉伯裔逊尼派穆斯林，

12% 是阿拉维派（伊斯兰教什叶派的一支），还有大约 12% 是逊
尼派库尔德人，剩余的是基督徒和一些较小的教派。霍姆斯位于
叙利亚的地理十字路口，表现出了多宗教汇聚的气氛：当地的天
际线上不仅有清真寺的宣礼塔，还有天主教教堂的尖塔与东正教
教堂的穹顶。

　　所以，霍姆斯有一种在别的地方不容易找到的国际化色彩。
1997 年，身为逊尼派穆斯林的易卜拉欣夫妇把自己的第一个孩
子，五岁的马吉德送进一家天主教私立学校时，根本就没有多
想。于是，马吉德的童年玩伴和同学大多是天主教徒，他对耶稣
和《圣经》的了解超过了对穆罕默德和《古兰经》的了解，对
此马吉德的父母似乎也并没有意见。他俩虽然从小被培养成穆斯
林，但对宗教都不讲究，马吉德的母亲甚至很少在公共场合戴头
巾，他父亲也只有参加葬礼时才去清真寺。

　　这种世俗化的自由主义符合哈菲兹·阿萨德希望创建的新叙
利亚的精神。在三十年的独裁期间，他试图推行世俗化，原因之
一无疑是他自己身为阿拉维派的宗教少数派身份。他于 2000 年
去世后，他的儿子巴沙尔继续执行世俗化政策。巴沙尔是个在伦
敦受过训练的眼科医生，性格温和，不擅社交。他取得政权纯属
意外，因为阿萨德家族的老族长原打算培养长子巴塞勒继任，但
巴塞勒于 1994 年死于车祸，于是巴沙尔成了新一代领导人。事
实证明他很擅长向外界展示复兴党较温和、较现代化的面貌，他
在中东政治险象环生的潮流中也游刃有余。年轻的阿萨德在公开

场合仍然发誓要收复 1967 年六日战争期间被以色列占领的戈兰高地，但他私下里与特拉维夫改善关系，甚至为此开展了秘密谈判。叙利亚军队于 1976 年占领了邻国黎巴嫩的部分地区，而且大马士革是黎巴嫩真主党民兵组织的主要支持者。然而巴沙尔逐渐放松了对黎巴嫩的控制，所以西方对他的评价越来越正面。

正在长大成人的少年马吉德·易卜拉欣越来越相信，他的祖国的未来在于亲近西方。和霍姆斯其他中产阶级家庭的男孩一样，他穿西式服装，听西方音乐，看西方视频，但马吉德还有一扇独特的通向外面世界的窗户。他父亲是电气工程师，在霍姆斯最高档的酒店之一萨菲尔酒店工作。马吉德对这家酒店及其熙熙攘攘的游客兴趣盎然，所以经常以各种借口去酒店找父亲。对马吉德来说，萨菲尔酒店是个让人安心的地方，它让他相信，不管叙利亚政治发生怎样的微小偏离，他一定能继续在这个现代化的、世俗化的世界中生活。他生来就属于这个世界。

第二部

伊拉克战争
2003~2011

5

胡卢德·扎伊迪

伊拉克

2003 年 4 月 3 日凌晨，美国海军陆战队第 1 远征军的先遣部队完成了对库特阿玛马拉（Kut al-Amara，以下简称库特）的合围。这是一座地势低矮的外省城市，人口约 40 万，位于底格里斯河畔，在巴格达下游 100 英里处。随后美军向库特城内伊拉克军队的指挥官发送消息，勒令他于早晨 7 点之前投降。

伊军没有答复，于是美军发动了强大的攻势。一天的时间内，美国海军陆战队有条不紊地摧毁了一座又一座伊军堡垒。美军的坦克和炮兵还得到了近距离空中支援。到下午时，库特的战斗基本结束，完全是一场一边倒的杀戮，伊军毫无还手之力。自两周前美军开始入侵伊拉克以来，战斗始终是一边倒的局面。第 1 远征军有 1 人阵亡，十几人负伤，却杀死了约 200 名敌人，俘虏超过 2000 人。

当时二十三岁的胡卢德·扎伊迪是库特市民，对这场战斗她听说过很多，但没有亲眼看见。原因很简单。她说："女人不能出门。"

2003 年 3 月，伊拉克巴士拉附近，平民躲避炮火

在发起军事行动之前，美国副总统迪克·切尼预测，美军在伊拉克将被"视为解放者而受到欢迎"，他的预言在 4 月 4 日的库特街头得到了印证。美国海军陆战队巩固战果、控制城市的时候，当地年轻人和儿童为他们送上糖果和热茶，这令他们喜上眉梢。胡卢德和库特的其他绝大多数女性一样，终于被允许离开家门。她谨慎地在一段距离之外观察这景象。"美国人很放松，很友善，但最让我吃惊的是他们看上去多么魁梧雄壮，他们的武器和车辆多么先进。所有东西看上去都先进得不得了，仿佛入侵我们的是外星人。"

胡卢德有这种感受，一个重要原因无疑是，在此之前，她一直过着大门不出二门不迈的深闺生活。她的父亲是放射科医生，母亲是家庭妇女。兄妹六人，三男三女，胡卢德排行第二。她的童年过的是相对舒适的中产阶级生活，但和库特的大多数女孩的一样，这种生活与社会隔绝，且受到严格管理：每天要上学，放学后立刻回家帮助做家务，然后做功课。除了上学，胡卢德唯一能离开家门的机会就是偶尔随家人远足，或者帮母亲和姐姐买食品杂货。活了二十三年，她只离开过家乡一次，是在父亲陪护下去巴格达，并且当天来回。

2003 年 4 月，伊拉克巴士拉陷落期间街头的混乱

但即便在最压抑的环境里，人也会产生雄心壮志。胡卢德早就下了决心，要逃脱库特的束缚，于是她集中精力到唯一可能帮助她离开库特的事业：高等教育。在这方面，父亲是她的盟友。阿里·扎伊迪（Ali al-Zaidi）坚持要求他的所有孩子，包括三个女儿，都上大学，尽管他也说不清女孩上大学的最终目的是什么。

"我父亲在很多方面都非常进步，"她解释道，"但即便是他，也不觉得我上大学的目的是成为职业女性。他对我的安排一直是'努力学习，拿到大学文凭，然后嫁人，相夫教子'。"她耸耸肩道："伊拉克的体制就是这个样子。"

1999年秋，胡卢德进入库特的瓦西特大学，专业是英语文学。家人对她的期望是，拿到文凭之后，她可以在当地学校教几年英语，然后成家。但胡卢德的想法大不相同：学好英语之后，她要去巴格达，到伊拉克的少数几家外资公司之一当译员。

然而事与愿违，离胡卢德毕业只有三个月的时候，美国人入侵了伊拉克。但事实证明这仅仅是短期的障碍。尽管萨达姆·侯赛因的复兴党政府军（小布什政府对其的称呼是"反伊拉克武装力量"，这真是奥威尔式的黑色幽默）在别的地方仍然在零星抵抗，但留在库特的少量西方联军在这年春季和初夏已经觉得足够安全，可以不穿防弹衣就与当地市民交往，并乘坐无装甲防护的卡车在街巷巡逻。这些军人也很快让库特恢复了一定程度的正常生活。在仅仅中断了两个月后，大学重开，胡卢德于这年8月获得学士学位。现在，真正的工作是重建伊拉克千疮百孔的经济并重建政府。于是，一群外国工程师、会计师和顾问来到了伊拉克。统领他们的是联盟驻伊拉克临时管理当局（Coalition

Provisional Authority，CPA），这是美国领导的跨国行政机构，一旦新的伊拉克政府组建成功，它就会被解散。

到伊拉克的援助人员之一是来自俄克拉荷马州的三十三岁律师弗恩·霍兰（Fern Holland）。她是联盟驻伊拉克临时管理当局的人权顾问，在 2003 年夏季有一项特殊使命，包括设计一些项目，提升伊拉克南部什叶派腹地妇女的权益。2003 年 9 月，霍兰奉命来到库特，在这里结识了胡卢德。

"我第一次见到弗恩的情景，我会一辈子记得，"胡卢德说，"她把我们一群女人聚到一起，谈了她打算在伊拉克做的工作。她年纪很轻，这让人惊讶，因为她的个性特别坚强。她的头发是亮金色的，待人开诚布公、特别友好。我从没见过她这样的女人。在座的伊拉克女人应当都没见过她这样的女人。"

在库特的这间会议室里，霍兰告诉伊拉克女人的话，和她的外表一样新奇。她说，现在已经推翻了萨达姆，将会建设一个新的伊拉克，民主的、尊重人权的新伊拉克。为了巩固这个新伊拉克，所有人，包括库特的妇女，都有责任贡献自己的力量。

这一席话如同晴天霹雳，让胡卢德顿悟了。这就是她等待了一生的时刻。她差不多立刻开始参加霍兰的妇女权益志愿者工作。"我之前也想过这些事情，但在萨达姆·侯赛因统治下，这些事情只是幻想而已，"胡卢德说，"现在我觉得自己有了未来。"这位年轻的伊拉克女性从来没有怀疑过，是谁给了她未来："弗恩·霍兰改变了我的人生。"

但霍兰自己或许没有那么信心满怀。她曾在非洲保守的男权社会做工作，从她的经验来看，她估计要不了多久，传统的力量就会起来抵制她的努力。所以，她必须尽快推动变革。她也知道，她是外来者，所以她能扮演的角色是有限的。她需要有活力的本土女性，像胡卢德·扎伊迪那样的女性来领导变革。

随后一个月里，霍兰挑选胡卢德为代表，去参加联盟驻伊拉克临时管理当局主持的全国妇女领导会议。在这次会议上，胡卢德收到了甚至更令人心醉的消息：她被选为妇女代表，即将去华盛顿参加伊拉克新宪法的起草工作。消息在会议上传播之后，遭到了抵制。"其他很多女人反对，因为我太年轻，"胡卢德说，"我也觉得自己难当重任。但弗恩坚持要我去。她告诉其他女人：'胡卢德代表伊拉克的青年，她必须去。'她是我的最大支持者。"

2003 年 11 月，这个二十三岁的大学毕业生在华盛顿见到了许多政界要人，包括乔治·W. 布什总统。回国之后，联盟驻伊拉克临时管理当局正式聘请她为库特媒体办公室的主任助理。这个年轻女子不到一年前的最大梦想还只是在外资公司找到译员的工作，如今已经走了这么远。"这段时间真是激动人心，"胡卢德说，"因为我能感觉到，一切都在快速变化。"

但是，胡卢德在走进弗恩·霍兰为她打开的崭新世界的同时，偶尔也会感到一丝疑虑，一种不祥的预感。这种感觉起源于11 月的那天，她和其他伊拉克妇女代表被引领进椭圆形办公室拜见小布什总统的时候。"他的仪态总有些地方让我感觉古怪。他看上去心不在焉，有点冷淡，从来没有直视我们当中任何人的眼睛。我没有把自己的怪异感觉告诉其他人，因为她们都为见到总统而欣喜若狂。但我记得当时曾对自己说，如果掌控我们未来的是这个人，我们就麻烦了。"

6

瓦卡兹·哈桑

伊拉克

除了眼睛之外,瓦卡兹·哈桑貌不惊人。在几乎所有方面,这个二十二岁的瘦高个都不起眼,只不过是人海中的又一张面孔而已。但他的眼睛极黑,炯炯有神,让别人起初会觉得他涂了睫毛膏。不过,奇特的不只是眼睛的颜色。他的凝视有一种忧伤的不可揣测的城府,暗示他目睹过许多人间苦难。

瓦卡兹在 2003 年时只有八岁,他的人生似乎注定普普通通,甚至可以说是平淡无奇。他的父亲是伊拉克的一位银行职员,他是五个孩子当中最小的,在沉闷的农业社区道尔度过了童年。道尔位于底格里斯河畔,在萨达姆·侯赛因的家乡提克里特下游仅 15 英里处。"那里一切都好,"他回忆道,"日子过得很舒服。"

美国人的入侵改变了一切。提克里特及其周边地区长期以来被认为是复兴党要塞,因为萨达姆的家乡在那里。因此这个地区是联军早期的重点打击目标,提克里特城遭到了猛烈空袭。

瓦卡兹·哈桑，二十二岁

2003 年 4 月初，联军占领了萨达姆在提克里特河畔修建的一连串花哨的宫殿，并开始袭击周边的河畔城镇，搜捕逃亡的复兴党官员。5 月 15 日，联军袭击道尔，抓获了三十名复兴党嫌疑犯。居然有这么多复兴党官员藏匿在这个小镇，着实惊人。但道尔很快会给联军奉上更丰厚的战利品。2003 年 12 月中旬，美军在道尔北端发现了一个掩蔽坑，在里面抓获了萨达姆·侯赛因本人。

对这一切，年幼的瓦卡兹只有很模糊的概念。据他说，他的家人和提克里特地区的大多数居民一样是逊尼派，但不是特别虔诚，对政治也很淡漠。他记得听说过美军虐待伊拉克战俘（指的显然是阿布格莱布监狱丑闻①），并且有一次美军还搜查了他家，但这些士兵很客气，后来相安无事。

"我知道有些人在美国人那里遇到了麻烦，"瓦卡兹说，"但我们家没有。这一切真的没有影响到我们。"

哈桑一家对入侵者的指责是，从广泛的意义上讲，伊拉克经济因为联军入侵而崩溃了。经济萧条导致瓦卡兹的父亲丢掉了在拉菲丹银行的工作。为了养家，瓦卡兹的父亲用积蓄在道尔主街开了一家小糖果店。"所以，美国人来之前，我们的生活轻松很多，"瓦卡兹承认道，"虽然经济崩溃不是他们直接造成的，但的确从他们来了之后，我们的生活就艰难了很多。"

后来，提克里特地区成为逊尼派武装抵抗联军的主要战场之一，也就是逊尼派三角（Sunni Triangle）②的最北端。最终有400多名联军官兵在该省份阵亡。而美军试图通过所谓"逊尼派觉醒"的运动来平定该地区。"逊尼派觉醒"（Sunni Awakening）是争取民心的宣传攻势，但在实践中往往变成了唆使一个部落攻

---

① 阿布格莱布监狱在巴格达附近。2003年的伊拉克战争期间，美军在这里关押了一批俘虏。英美军人在这里犯下了一系列拷打、虐待和侮辱俘虏的罪行，包括剥夺睡眠、播放噪音、剥光衣服、强迫鸡奸等。11名美军官兵因此遭到起诉，多名高级军官因此受到贬黜。英国首相布莱尔为驻伊英军虐待伊战俘的行为道歉。

② 逊尼派三角是巴格达西北的一个地区，大致呈三角形，包括费卢杰、萨迈拉等城市，居民主要为逊尼派。这里是萨达姆政权得到最强有力支持的地区，20世纪70年代以来萨达姆政权的许多政府工作人员、政治家和军队领导人都来自这个地区。

击另一个。这场运动大体上成功了，但有一个后果就是重新点燃了各部落之间的古老仇恨。

21世纪最初几年横扫提克里特盆地的一轮轮暴力冲突当中没有年幼的瓦卡兹·哈桑的份。但是，这种局面不会持续多久。

7

胡卢德·扎伊迪

伊拉克

胡卢德于 2003 年秋季开始在联盟驻伊拉克临时管理当局中的新工作时并不知道，美国干预伊拉克的灾难种子已经埋下。

五角大楼在伊拉克战争计划里制定了详细蓝图，规划了要夺取并控制伊拉克的哪些战略设施和政府机关，似乎却遗忘了萨达姆在全国各地安置的多如牛毛的军械库和弹药补给站。在一座又一座城镇里，这些军用物资被有条不紊地掳走，而联军士兵没有得到具体的指示，往往眼睁睁看着当地人抢走枪支弹药。

占领当局很快又火上浇油。联盟驻伊拉克临时管理当局的主管保罗·布雷默（Paul Bremer）最早的举措之一就是解散伊拉克军队。现在大家大多认为这是灾难性决策。就这样，在 2003 年夏季，数十万训练有素、拥有武器的军人失业了。

但危害最大的要数布雷默此项措施之前的另一道法令。根据联盟驻伊拉克临时管理当局的"一号命令"（CPA Order 1），阿拉伯复兴党的高级官员被草率地解职并被终身禁止担任公职。另外，政府各机关的高层雇员都要接受调查，看他们是否与复兴党有联系。批评者指出，成千上万对政治不感兴趣的伊拉克专业人士，包括胡卢德的父亲、放射科医生阿里·扎伊迪，曾于 20 世纪 90 年代初被强迫入党，这是萨达姆·侯赛因招募党员的政策的一部分；现在，这些教师、医生和工程师有可能被剥夺职位和公民权利。

但"一号命令"波及的远远不止那些被解雇的阿拉伯复兴党党员。伊拉克和中东其余大部分地区一样，其政府公职按照一套复杂的荫庇体制来运作，几乎每一位雇员，从高级公务员到为访客端茶送水的服务员，都是通过领导的恩典才得到工作的。在部落文化仍然兴盛的社会，领导（在萨达姆·侯赛因统治时期几乎一定是阿拉伯复兴党党员）通常把工作岗位分配给自己的亲戚或氏族同胞。所以，大约 85000 名阿拉伯复兴党党员被解职，实际上意味着不计其数的更多人突然间丢了工作，整个氏族和部落一下子没了收入来源。就是这些在 2003 年被剥夺生计的形形色色的伊拉克人，包括五花八门的部落、阿拉伯复兴党党员和退伍军人，将在 2004 年爆发的内战中担当先锋。而不到十年后，这个被剥夺权益的群体当中的逊尼派，将会响应"伊斯兰国"大旗的号召。

美国人犯了这么多弥天大错，他们占领伊拉克的最惊人一点就是，灾难居然没有早一点发生。2003 年 8 月的一起事件预言了即将掀起的滔天巨浪。这一天，巴格达的联合国营地遭到卡车炸弹袭击，导致 22 人死亡，包括联合国驻伊拉克特别代表塞尔吉奥·维埃拉·德·梅洛（Sérgio Vieira de Mello）。随后，联军遭到一系列越来越激烈的袭击。2004 年年初，联盟驻伊拉克临时管理当局官员观察到，他们的即便最普通、最无争议的活动也日益招致伊拉克人的敌意，以至于弗恩·霍兰开始忧心忡忡。她在这年 1 月末的一封电子邮件里写道："我们的时间不多了，只能尽力而为。这是一场可怕的与时间的赛跑。祝我们好运。祝伊拉克人好运。"

2004 年 3 月 8 日，伊拉克的新临时宪法得以签署。其中一个条款是，未来的议会席位应有 25% 分配给女性。这个条款在很大程度上要感谢弗恩·霍兰在幕后的游说。

次日下午，一辆大宇牌汽车载着联盟驻伊拉克临时管理当局的三名文职人员沿着一条省道行进，这时一辆伊拉克警方的皮卡开到了他们旁边。皮卡上的人用自动步枪向大宇牌汽车扫射，后者歪斜着在高速公路上猛冲，最后停到路边。警车上的人下了车，用突击步枪杀死了三名工作人员。由此，大宇牌汽车上死于弹雨的三人成了最早一批在伊拉克遇害的联盟驻伊拉克临时管理当局平民雇员，这三人包括司机和弗恩·霍兰，而霍兰可能是袭击者的主要目标。

霍兰遇害后，伊拉克全境数千名临时管理当局雇员无不心惊胆战。"我们全都目瞪口呆，"胡卢德·扎伊迪说，"但我觉得我们都还在等着看究竟是怎么回事，看这是针对弗恩一个人的袭击，还是更大规模袭击的一部分。"

答案很快揭晓。伊拉克中部的逊尼派揭竿而起，声势越来越大，与此同时在 2004 年年初，巴格达的什叶派激进神职人员穆克塔达·萨德尔（Moktada al-Sadr）也要求联军全部撤出伊拉克。4 月初，萨德尔投入了他的民兵武装"迈赫迪军"（Mahdi Army），企图借助一系列互相配合的针对联军和临时管理当局设施的袭击，迫使联军撤离。4 月 5 日，库特也发生了武装冲突，约 200 名迈赫迪军的民兵开始攻击联盟驻伊拉克临时管理当局的营地。

一连好几个钟头，胡卢德被困在临时管理当局媒体办公室中，负责守卫营地的联军向武装民兵还击。最后，临时管理当局的一名主管告诉胡卢德："如果你不怕的话，就走吧。"

胡卢德和另外两名当地雇员一起溜出了营地，从小巷逃跑。临时管理当局的营地后来被放弃，她就躲了起来。迈赫迪军的民兵控制了库特，到处搜寻仍然留在当地的曾为临时管理当局工作的伊拉克人。即便在美军夺回库特之后，胡卢德也仍然心惊胆寒，在家里躲了两周没出门。

迈赫迪军叛乱急剧改变了伊拉克局势的走向。现在逊尼派和什叶派民兵都开始大规模攻击联军。这是伊拉克战争的真正开端。尽管如此，联盟驻伊拉克临时管理当局继续执行自己的计划，即将控制权移交给新的伊拉克中央政府。5 月，库特的最后一批外国平民开始撤离。两个月内，联盟驻伊拉克临时管理当局在当地的基础设施被全部移交给新的巴格达政府。

在一段时间里，胡卢德的家乡似乎平静了下来，她发誓要把她遇害的导师启动的妇女权益工作继续下去。这年秋季，她参与创建了一个小型非政府组织，叫做"巴图尔"（Al-Batul），意思是"贞女"。该组织的目标并不宏伟。"库特有少量基督徒居民，"胡卢德解释道，"我的想法是，基督徒和穆斯林妇女应当联合起来做一些对两个群体都重要的工作。主要是教导女性捍卫自己的权益，告诉她们，她们不是总得对男人俯首帖耳。"

但伊拉克的教派冲突越发普遍也日渐激烈，逊尼派和什叶派武装人员都把基督徒视为潜伏在国内的异教徒。与此同时，心惊胆寒的基督徒开始大批逃离伊拉克，这场出逃浪潮最终导致伊拉克的基督徒人口下降了超过三分之二。另外，如巴图尔组织这样的机构的唯一经费来源是占领伊拉克的外国人，于是武装人员谴责它们是为敌人服务的幌子。胡卢德很快就开始收到匿名信，谴责她为"美国人的事务"卖命。最后，一家当地报纸甚至指名道姓地谴责她。

胡卢德现年三十六岁。对那段经历的回忆让她变得更严肃，更爱沉思。"我现在明白了，我过去太天真了，没有足够严肃地看待问题。但我觉得，我只是在努力给女性更好的生活，我的工作跟政治没有任何关系。他们为什么觉得我是个威胁？"

2004 年 10 月，巴图尔组织在库特的办公室遭枪击而损毁。胡卢德不为所动，租了第二间办公室，但它没过多久就遭到抢劫。2005 年 1 月，在邻国约旦首都安曼参加一次人权

胡卢德·扎伊迪，三十六岁

研讨会时，她收到了警告：如果她返回库特继续工作，就会没命。她在约旦待了三个月，最后于 2005 年 4 月，也就是弗恩·霍兰遇害和伊拉克战事演变成教派战争的一年之后，偷偷回到了家乡。

她现在认识到自己的这个决定简直是有勇无谋。胡卢德说："要我放弃对伊拉克的梦想，实在太难。"她回忆起霍兰曾告诉她："要想促成变革，需要勇气，有时必须非常拼命。嗯，我不想死，但弗恩已经死了。我坚信，只要我们不断努力，也许局面就能好转。"

回库特不久之后，胡卢德为了自己的办公室遭抢劫一事去当地警察局报案，但警方对她不屑一顾。在遇见一位巴图尔组织的老同事时，她得到了更凶险的警告。"你为什么回来？"老同事问，"大家都知道你为美国大使馆做事。"受到老同事如此指控之前，还有人传唤胡卢德到当地的民兵司令部。"这时我才终于看清，我在伊拉克已经没有机会了。如果我继续尝试，他们肯定会杀了我。"

8

莱拉·苏埃夫

埃及

胡卢德于 2005 年 4 月计划逃离伊拉克的时候，莱拉·苏埃夫正在更加激烈地反对埃及独裁者胡斯尼·穆巴拉克。

到此时，莱拉和丈夫艾哈迈德·赛义夫享有埃及最著名的政治异见夫妇的声望，已经十几年了。他们始终是穆巴拉克政府的眼中钉。艾哈迈德于 1989 年获释之后成为埃及最卓越的人权律师，曾在许多政治案件中为形形色色的被告辩护。他的客户包括左派大学教授、伊斯兰宗教激进主义者和开罗的同性恋者（在埃及，同性恋仍然是违法的）。2005 年秋我第一次见到艾哈迈德时，他正在处理一起可能是他职业生涯中最有争议的案件。他要为一群被指控参与了 2004 年西奈半岛酒店爆炸案的嫌疑人辩护。那起爆炸案导致 31 人死亡。

莱拉一边在开罗大学教数学，一边赢得了开罗最不知疲倦的"街头"领袖之一的声誉。她参加过不计其数的反政府游行示威。驱动她的部分力量，在于她深切地认识到，身为开罗专业阶层的一员，她拥有埃及的穷人和劳工阶层所没有的表达异见的自由。

"在历史上，"她说，"这给了我们一定程度的豁免权。安全部队真的不喜欢和我们打交道，因为他们不知道掌权阶层当中谁是我们的朋友。但这也意味着我们有责任为那些被堵住嘴巴的人发声。身为女人，对政治工作也有帮助。在埃及文化里，女人不被当回事，所以女人可以做一些男人不能做的事情。"

但莱拉也很清楚，她的政治活动，以及政府对它的勉强容忍，完全符合胡斯尼·穆巴拉克 1981 年掌权以来运用的分而治之策略。在过去，埃及政府在有需求时就可以打反西方、反以色列的牌，从而同时拉拢左右两派。但安瓦尔·萨达特与以色列议和并接受美国的资助，就丢掉了这张牌。穆巴拉克的新策略是允许城市里小规模的受过教育的精英阶层表达一定程度的政治异见，同时果断镇压人数多得多因此也更危险的伊斯兰主义者，将他们影响力增长的迹象掐灭在萌芽状态。

20 世纪 90 年代中期，一个叫"伊斯兰集团"（Al-Gamma'a al-Islamiyya）的伊斯兰极端主义组织发动了一系列恐怖活动，其高潮是 1997 年 11 月恐怖分子用刀剑和机枪袭击卢克索（Luxor）的哈特谢普苏特神庙（Hatshepsut Temple）的游客，导致 62 人死亡。此事帮了致力于镇压伊斯兰主义者的穆巴拉克政权大忙。作为回应，埃及安全部队对"伊斯兰集团"以及它在全国的所谓同情者发动了残酷镇压，杀死数百人，囚禁数万人。这起血腥事件向穆巴拉克的那些自由派反对者发送了一条隐晦的警告：如果他们鼓吹政治改革的行动失控，那么在埃及出现的可能不是议会民主，而是宗教狂热。美国政府也听到了这个警告，此时美国每年向埃及政府提供约 20 亿美元的援助。

根据莱拉的推测，让穆巴拉克的策略失效的，是 2000 年 9 月巴勒斯坦人的第二次反以色列大起义①。绝大多数埃及人，不管持什么政治立场，都坚信不疑地认为，埃及政府于 1979 年与以色列政府缔结和约就是出卖了巴勒斯坦人。穆巴拉克一下子无力压制国内支持巴勒斯坦的游行示威，如果他去镇压，国民就会更加把他视为美国人的走狗。莱拉解释道："这个时期，我们第一次开始公开地从事组织工作，不向政府申请许可，也不拿所谓的合法政党当掩护。政府能怎么办？我们的策略就这样确立了。我们不等政府批准，也不找现存的政党接纳我们，而是直接开展组织工作。后来很多次我们都是这样做的。"

没过多久，街头抗议活动成为埃及人生活的家常便饭。从政府的角度看更糟糕的是，对巴勒斯坦局势的关注让政治光谱上的各种反对派群体都团结起来了。

在这种新局面下，胡斯尼·穆巴拉克最怕的就是埃及人民得

---

① 第二次反以色列大起义（2000～2005）也叫阿克萨群众起义，是巴勒斯坦和以色列之间的一次激烈冲突，以色列认为它是恐怖主义活动。引发此次起义的导火索是阿里埃勒·沙龙（不久之后当选以色列总理）访问耶路撒冷圣殿山，巴勒斯坦人认为这是对他们的挑衅。巴勒斯坦人以自杀式炸弹袭击等形式攻击以色列人，以色列军队则强力镇压，巴以双方分别约有 3000 人和 1000 人死亡。2005 年沙姆沙伊赫首脑会议后，巴勒斯坦总统马哈茂德·阿巴斯和沙龙达成协议，起义算是就此结束。

到提醒，他是效忠于华盛顿的人。偏偏就在这个时刻，美国决定入侵伊拉克。

穆巴拉克非常精明，在公开场合反对美国出兵伊拉克，并且开展高端外交，希望阻止此事。但是，他逃脱不了此事的后续影响。在很多埃及人眼里，独裁者穆巴拉克在长达二十二年里接受美国人的好处，早就是美国的傀儡了，现在他的独立姿态只是装模作样而已。随着伊拉克战争的持续发展，每天死亡人数不断增加，埃及人民对穆巴拉克的这种轻蔑看法就越来越坚定。从2002 年到 2005 年年初，阿拉伯世界规模巨大的反战游行中的很多场就发生在开罗街头，莱拉·苏埃夫在其中几乎每一次都走在游行队伍最前列。"当然，我们表面上是抗议伊拉克的事情，"莱拉说，"但这也体现了穆巴拉克的失败。"

与此同时，独裁者的国内政策也是昏着儿迭出，火上浇油。穆巴拉克培养自己的儿子贾迈勒为继任者，并于 2005 年 2 月修宪，表面上允许开展直接的总统大选，实际上操纵体制，让他的政党差不多能永远主宰政坛。在这年 9 月的总统大选中，穆巴拉克获得了连续第五个六年任期，得票率将近 89%。大选之前，他逮捕了唯一有实力与他对抗的候选人艾曼·努尔。在国内外的巨大压力之下，他在 2005 年 11 月的议会选举中减少了自己的操纵，结果穆斯林兄弟会获得了前所未有的 20% 席位，而这个伊斯兰主义政党此时理论上还处于被禁的状态。

2005 年年末，我在埃及旅行了六周。到此时，随处可见埃及人民对政府越来越强烈的鄙夷。当然了，人民对政府的憎恶感主要源自经济停滞、政治腐败。一小群政客和将军富得流油，据说单是穆巴拉克家族的资产就多达数十亿美金。但人民对政府的反感也有反美因素，这突出了一种深刻的分裂。华盛顿把埃及视为美国在阿拉伯世界最可靠的盟友之一，很重要的一个原因是埃及与以色列保持友好关系。但与此同时，在我采访的数十位来自五花八门的政治与宗教背景的埃及人当中，没有一个人支持埃及与以色列的和约，也没有一个人不把美国对穆巴拉克政府的经济援助视为国耻。穆斯林兄弟会的副主席埃萨姆·埃里安（Essam el-Erian）直截了当地告诉我："埃及如今唯一的政治就是街头政治。不管是谁，只要和美国人合作，就是自取灭亡。"

就在这个动荡酝酿的时期，莱拉·苏埃夫和艾哈迈德·赛义夫的三个儿女，此前对政治运动几乎毫无兴趣，现在突然开始对政治有了新想法。第一个转变的是他们的儿子阿拉，他是埃及最早的博客写手之一。他的转变发生在 2005 年 5 月，当时他陪莱拉参加了一次游行示威。

"他对民间记者工作（citizen journalism）① 产生了浓厚兴

---

① 民间记者工作，也叫"公民新闻""公共新闻""街头新闻"等，指的是主流媒体之外的普通公民（曾经是新闻的受众）主动地搜集、报道、分析和传播新闻。新媒体（如社交媒体和网络分享）让公民新闻火爆起来，而智能手机等工具可以让公民新闻的报道比正规媒体更快。在"阿拉伯之春""占领华尔街"等事件期间，公民新闻都发挥了重要的政治作用。当然，公民新闻也有很多缺陷，比如不够专业和客观，等等。

趣，"莱拉说，"当时街头发生了抗议修宪和穆巴拉克再次参选的示威，他开始记述和报道游行示威。没有参与，只是记述。"

但5月25日的示威与之前大不相同。政府雇用的暴徒设下埋伏，一见到示威者就立刻冲上去，用拳头和木棒殴打他们。暴徒可能是在人群中认出了莱拉这张著名的面孔，于是很快向她扑去。

"呵呵，当街殴打中年妇女，这可是新鲜事，"她说，"我儿子看见之后立刻冲上去救我。"阿拉因此也遭到了殴打。"他的脚趾断了好几根，于是我们去了医院，后来我们才发现，我们还算幸运。我们离开现场之后，政府雇用的暴徒开始剥掉女人的衣服，殴打那些只穿着内衣的女人。后来他们经常这样干，是为了羞辱对方。但那是第一次，也是在那之后，阿拉加入了抗议。我的女儿们后来也参加了。莫娜参加了法官独立运动，然后是萨娜，她参加了革命。但阿拉开始参与政治是在2005年。"

莱拉·苏埃夫是个坚忍不拔、从不多愁善感的女人。如果她对自己的儿女参与政治活动感到骄傲，或者考虑到后来发生的事情，如果她有什么悔恨的话，那也没有表露出来。"我从来不会劝他们不要参加。即便我想要阻止他们（我也许的确这样想过），我也从来没有真正劝阻过他们。劝阻是没用的。他们反正也不会听我的，所以那样只会吵架。"

2016年3月，莱拉的姐姐、小说家阿赫达夫·苏埃夫在自己位于开罗的家中思考妹妹一家近些年的遭遇时，表达了更深刻的观点。"我觉得,不会有人一开始就想当烈士,想成为悲剧人物,"阿赫达夫说,"我觉得是这样的:你走上了一条路,然后发生了某种事情,然后你往前走了几步,然后又发生了什么别的事情。最终你走到了一个地方,没了退路。于是你只能继续前进。我想莱拉和艾哈迈德就是这样。我想他们的儿女也是这样。"

9

马基迪·曼古什

利比亚

大约就在这个时期，马基迪·曼古什在家乡米苏拉塔的一条路边，和其他旁观者一起，见证了一幅令人难以置信的奇景。

在米苏拉塔市的主要大街之一的黎波里大街沿线，市政工人操作车载吊车，有条不紊地摘下了每一根路灯柱上的穆阿迈尔·卡扎菲肖像海报。

利比亚独裁者在试图把他的政府打扮得更友善、更温和。这轮宣传活动表面上以利比亚人民为受众，实际上是表演给西方人看的。

在美军入侵伊拉克之前的最后日子里，乔治·W. 布什总统的政府里有传言说，等推翻了萨达姆·侯赛因，美国下一个要收拾的就是卡扎菲。2003 年 3 月，美军开始入侵伊拉克之后，利比亚独裁者匆匆向美国人示好。利比亚与华盛顿的长期争吵有两个聚焦点，其中之一是 1998 年泛美航空公司 103 号班机在苏格兰洛克比上空被炸毁。为了解决与美国的矛盾，卡扎菲提出了一个方案，虽然没有明确承认利比亚政府在此次袭击中的罪责，但同意拿出 27 亿美金，赔偿给 270 名遇难者的家属。另一个焦点是利比亚研发化学武器、生物武器和核武器的项目。他开始静悄悄地撤销这些项目。同时，利比亚情报机构还秘密地与美国同行分享关于"基地"组织嫌疑分子与其他伊斯兰宗教激进主义者在利比亚活动的情报。在国内阵线方面，卡扎菲还发动了改善自己形象的工程，至少是炮制政治自由化的假象。措施之一就是摘掉全国各地数万份带有"领袖"肖像的海报与广告牌。

但卡扎菲很快对自己的"洗心革面"反悔了，尤其是在 2006 年美国恢复了与利比亚的正常外交关系后。美国这么做是从官方角度回应利比亚放弃自己的非常规武器计划。但促使两国关系缓和的一个重要原因肯定是，美国深陷于伊拉克的泥沼，不可能再去讨伐该地区的其他独裁者了。这也意味着卡扎菲可以停止国内改革的装模作样了。"这都是演戏而已，"马基迪说，"没有任何变化。我觉得过几个月就没人还记得这事了。"

不过，车载吊车沿着米苏拉塔的黎波里大街行驶的时候，卡扎菲的戏还没演完。马基迪还在观看的时候，一个老年人突然从附近一条小巷走了出来。

老人凝视着眼前的景象，目瞪口呆了很长时间。然后他跑到被丢在地上的一幅海报前，脱掉一只鞋，开始用鞋拍打卡扎菲的画像（在阿拉伯世界，用鞋底打人是一种常见的侮辱性姿态），同时滔滔不绝地破口大骂。

一名市政工人走过来，问他在干什么。

"那个狗东西终于完蛋了，对吧?"老人问道，"发生政变了?"

工人告诉了他真实情况。老人结结巴巴地为自己的行为做辩解，说自己最近病重，不时地会精神病发作，然后匆匆逃走了。

10

胡卢德·扎伊迪

约旦、美国、伊拉克

胡卢德不是孤身一人逃离伊拉克的。她带着二姐萨哈尔
（Sahar）去了约旦。几个月后，父亲和大姐提敏（Teamim）也
到了安曼。胡卢德的三个兄弟和母亲阿齐扎（Aziza）选择留在
伊拉克。2007 年夏季，胡卢德特别担心小弟维萨姆（Wisam）。
"那时正值战争最激烈的时期，"她说，"军队在大街上拉壮丁。
我经常打电话给维萨姆。我告诉他，留在伊拉克没有前途，他应
当出来。但他心肠软，说需要留下照顾母亲。"

这年 9 月的一天晚上，维萨姆和一位朋友在库特街上行走，
这时一辆车突然在他们旁边停下，有人用突击步枪一阵扫射，将
他俩打死在街头。"他只有二十五岁，"胡卢德柔声道，"有人说
他之所以被杀是因为我做的工作。我希望这不是真的。"

维萨姆遇害的几个月后，胡卢德面临着一轮新的磨难。在为
一个非政府组织工作时，她拒绝了一名腐败但有权势的约旦商人
吃回扣的要求。他可不是好惹的。没过多久，她被命令离开约
旦。如果她返回伊拉克，几乎必死无疑，于是她向联合国难民事务

高级专员办事处（United Nations High Commissioner for Refugees，UNHCR）求助，希望能紧急转往第三国。

她没想到自己能去美国避难。2008 年，美军深陷于伊拉克内战不得脱身，小布什政府严格控制以难民身份进入美国的伊拉克人的数量（不过近期有所放松）。此时单单在约旦就有大约 50 万伊拉克难民，如果允许所有逃离伊拉克的人进入美国，就等于承认美国政府说战争局势已经好转是撒谎。但考虑到胡卢德面临的严峻危险，联合国难民事务高级专员办事处接纳她进了一个仅为处境最脆弱的难民保留的特殊项目，这些难民有资格在美国得到避难权。2008 年 7 月，胡卢德登上了一架飞往旧金山的飞机。

很难想象有比这跨度更大的变化了：在安曼，她与父亲和两个姐妹同住一套拥挤破败的公寓；而在旧金山，她有自己的舒适的单人卧室。在一些热心的新朋友的帮助下，胡卢德很快就开始享受新生活。"我想去哪里就可以去，不用担心自己可能遇到什么坏事，这真是自由。我说的坏事不只是战争。在伊拉克，女人是不可能独自旅行的。也许在巴格达可以，但在库特不可能。所以我有的时候坐公交车或者地铁，一坐就是几个钟头。我之前从来没有想象过有这样的自由。"

当然，新的环境也带来了一些文化上的不适应。胡卢德的新朋友之一劝她多笑。"现在你在加利福尼亚了。这里大家都一直在微笑。"

这个建议让来自库特的年轻女子困惑不解。在伊拉克，女性被教导，在公共场合要保持严肃端庄的表情，避免与男性有视线接触，否则可能被认为是妓女。但胡卢德热切希望融入新的美国家园，于是兢兢业业地在浴室镜子前练习笑容。她很快就怀疑自己是不是做得不对，因为她在旧金山大街上展现自己的新表情时，很容易吸引到她不想要的注意力，尤其是流浪汉的注意力。她的朋友赶紧修正了之前的建议："不必向每个人都微笑。"

另一个变化是她的职业前景。在伊拉克，胡卢德学习英语，因为她觉得这是给年轻女人提供未来自由的最好途径。但在美国，机遇无穷无尽。"一年之后我能拿到绿卡，然后我就可以申请奖学金，学我想学的东西。我变得雄心勃勃，想着自己能做的一切。"

但她始终为留在伊拉克和约旦天各一方的家人担心。她知道留在库特的家人不肯离开，但她急于让待在安曼没有着落的父亲和姐姐们赶紧离开。抵达旧金山不久之后，她就开始申请让他们到她身边。

三个月后，胡卢德收到的消息有喜讯也有噩耗。她的两个姐姐获得批准，可以到美国避难。但她们的父亲被拒了。提出申诉的同时，胡卢德的姐姐们留在了约旦，但阿里·扎伊迪第二次仍然被拒了。

到 2009 年 2 月时，也就是胡卢德抵达旧金山的七个月后，为她父亲申请避难资格的工作仍然没有进展。这时她做了一个命运攸关的决定：她要返回约旦，在那里为他据理力争。

"我在旧金山的朋友都不能理解，"她回忆道，"你在这里已经有了新生活，为什么还要回去呢？"胡卢德沉思片刻，似乎仍在挣扎着寻找答案。"但我怎么向他们解释我的文化背景呢？在伊拉克，家庭是最重要的，永远不能背弃家庭。所以我和姐姐们怎么能在美国过着舒舒服服的生活，把父亲丢下不管呢？这耻辱是我们不能承受的。于是我回去了。"

在安曼，胡卢德不知疲倦地想方设法为父亲申请避难资格，不仅向美国申请避难，还向六七个欧洲国家也申请了。但毫无进展。

更糟糕的是，胡卢德在法律上处于非常尴尬的状态。她离开旧金山之前已经得到警示，根据美国移民法的规定，等待绿卡的难民不能离开美国超过六个月。胡卢德返回并停留在约旦，就失去了绿卡资格。现在，胡卢德与从伊拉克逃出的几位家人一起被困在约旦，既不能回家也不能去第三国。而约旦政府急于把她扫地出门。

11

马基迪·曼古什

利比亚

2009 年夏季，马基迪·曼古什花了好几天时间在绿山远足。
这是一片森林葱郁、山谷青翠、河流奔涌的广阔土地，位于利比
亚的东北沿海。二十二岁的马基迪还从来没有见过奔腾的溪流，
更不要说真正的森林了。于是他迅速决定，绿山是他见过的最美
丽的地方。此次和他一起远足的是他最好的朋友贾拉勒·德里西
（Jalal al-Drisi）。

马基迪之所以结识贾拉勒，是因为他生活中的一次失望。马
基迪是奥马尔和法特赫娅·曼古什六个儿女当中最小的孩子，他
的家庭温馨而重视教育。他的三个姐姐和两个哥哥都上了利比亚
的名牌大学，父母肯定期望马基迪也能接受好的教育。但曼古什
家最小的孩子在一流大学的全国入学考试里差了几分，只得选择
别的出路。2008 年秋季，马基迪成为米苏拉塔空军学院的学员，
专业是通信工程。在那里，他遇见了来自利比亚东部城市班加西
的二十一岁学员贾拉勒·德里西，两人成了挚友。

一对好朋友往往差别很大，马基迪和贾拉勒也是这样。马基

马基迪·曼古什，三十岁，在一辆坦克前，利比亚

迪矮壮，甚至微胖；贾拉勒精瘦而敏捷。马基迪说话轻声细气，经常害羞；而贾拉勒擅长社交，机智风趣，喜欢讲不敬的笑话，也喜欢搞恶作剧。两人的共同点是对科学和摆弄机械兴趣盎然。巧合的是，他俩还有另一个共同点：在政府眼里，他们的姓氏都带着轻微的污点。马基迪的情况是因为他的两位男性亲属据说参加了 1974 年的政变。贾拉勒的父亲是高级警官，在 2006 年班加西血腥的反政府示威之后因为玩忽职守而被短暂监禁。

在空军学院的第一年，贾拉勒经常到米苏拉塔，在曼古什家度周末。为了回馈，2009 年暑假，德里西家邀请马基迪到班加西度假。从马基迪对此次旅行的描述也可以看出利比亚东西两部分，的黎波里塔尼亚和昔兰尼加之间历史悠久的对立。"这是我第一次去东部，"他说，"在米苏拉塔，我们从小接受的观念是，东部人有点原始，比我们更看重部落关系。看到东部其实很正常，我倒是吃了一惊。"

按照利比亚传统，德里西家热情款待年轻的客人。他们不断敦促他大吃大喝，还带他去观光。去绿山的远足就是观光的一个重点项目。

"我想，就是这次旅行让我第一次看见了森林，让我那么喜爱大自然，"马基迪说，"在米苏拉塔，主要是棕榈树和灌木丛。但在真正的森林里行走……啊，真是非常特别的体验。"

到 2010 年秋季，两名学员都在期待他们在学院的第三年，也是最后一年，并为自己的未来做打算。马基迪想去一家西方的技术公司工作。美国解除对利比亚的制裁后，有一些西方公司到了利比亚。贾拉勒想到欧洲学习更先进的航空武器技术。然而，这对好朋友即将成为血腥的利比亚革命最怪异也最悲剧的支线故事之一里的小卒。

12

马吉德·易卜拉欣

叙利亚

起初，美国入侵伊拉克让巴沙尔·阿萨德颇为担忧。叙利亚与反复无常而危险的萨达姆·侯赛因之间的关系长期高度紧张，前不久才有所缓和。尽管叙利亚不在小布什总统最初的"邪恶轴心"国家名单上，叙利亚独裁者自然而然地如坐针毡，因为美国占领军就在他的边境附近，他很可能成为美国人的下一个目标。但和利比亚的穆阿迈尔·卡扎菲一样，阿萨德在2010年之前的最后几年里可能也很自信，觉得不必害怕正在伊拉克手忙脚乱的美国。

但领导人的自信并不会让叙利亚人民更自由。和在他父亲的时代一样，阿萨德的臣民始终战战兢兢，害怕国家安全特工和政府雇用的暴徒（称为"沙比哈"①）突然登门。政府的间谍网，以及人民对它的恐惧，极其普遍，以至于在大部分叙利亚家庭，

① 沙比哈（shabiha）的字面意思是"魔鬼""幽灵"等，主要用于叙利亚，绝大多数为效忠于阿萨德家族复兴党政权的阿拉维派武装人员，穿便服，其中一些成员来自安全部队，主要攻击反对巴沙尔·阿萨德的抗议者。因此该组织被认为是巴沙尔·阿萨德的民间雇佣兵。在有些地区，沙比哈也包括忠于阿萨德政权的逊尼派。

政治不是一个微妙话题，而根本不是话题。

"我不记得父亲说过一句和政府有关的话，正面的和负面的都没有，"马吉德·易卜拉欣说，"我也想不起来任何一个亲戚或邻居说过这样的话。谈到政府，我们最多能批评站在街角的腐败交警。和任何人都不能谈政治。"

马吉德自幼受到的是自由主义教育，所以他从天主教学校的九年级毕业、转入一所公立高中之后，简直大吃一惊。他的现代化、世俗化思想往往让他与那些更具有伊斯兰主义思想的同学格格不入，而且学校的教学也一塌糊涂。但高中对很多人来说都是糟糕的时期，马吉德于 2010 年夏季毕业之后，前景就一下子光明了很多。他的高考成绩不够理想，读不了"高级"专业，比如工程学或医学，但足够在这年秋季去霍姆斯的复兴大学读酒店管理专业。

马吉德肯定更喜欢这条路。这个英俊、外向的小伙子有一种浑然天成的魅力，能和任何人迅速打得火热，而且他对霍姆斯之外的更广阔世界有着浓厚兴趣。他设想自己拿到文凭之后，去大马士革的一家豪华酒店工作。"去这样的酒店是最好的职业晋升路径之一，"他说，"能让我过上好的生活。"

但年轻的马吉德可能还从来没有考虑过他的家乡霍姆斯的另一个特点：从各种角度讲，霍姆斯都真正是叙利亚的十字路口。它位于叙利亚两大城市大马士革和阿勒颇之间高速公路的中点，也是将叙利亚内陆与沿海各省连通的高速公路的最东端。同样重要的是，霍姆斯是叙利亚石油和天然气工业的枢纽，因为从东部沙漠的石油与天然气田延伸出来的输油输气管道在通往沿海地带的途中正好经过霍姆斯。这些条件让霍姆斯繁荣发展，但也意味着，一旦发生战争，这里就是兵家必争之地。

当马吉德开始在复兴大学读书时，距离战争爆发只有几个月了。

此时，美国基本上已经摆脱了伊拉克的战争泥沼。小布什政府于 2008 年开始分批撤军，贝拉克·奥巴马上台后继续执行撤军政策。

美军撤退的规模比原计划大得多。小布什政府原打算在伊拉克保留有限的兵力，并且维持一段时间，以应付伊拉克国内的艰难形势。美国政府希望美军人员在伊拉克境内能拥有豁免权，如果犯罪或犯错不会被当地司法机关起诉，而什叶派主宰的努里·马利基政府拒绝授予美国人豁免权，于是小布什政府的计划只能作罢。既然没有豁免权，小布什政府于 2008 年秋季宣布，美军将于 2011 年之前几乎全部撤离伊拉克。直到 2014 年秋季，这个决定的灾难性后果才变得明显，那时一小群"伊斯兰国"枪手就横扫伊拉克西部，把倒霉的伊拉克军队打得抱头鼠窜。

与此同时，美国对伊拉克的干预继续在中东制造不安定因素。民众对亲西方的领导人越来越不满，传统伊斯兰主义者也变得越来越好斗。最后的总爆发就是穆罕默德·布瓦集集在突尼斯自杀，导致 2011 年中东迅速被抗议的浪潮淹没。

但即便在布瓦集集的案例里也有一个小细节，当时很少有人注意到，但有心人若是看到了它，应当开始反思。这个突尼斯水果小贩痛苦挣扎了十四天才终于伤重不治身亡，在此期间，那些希望宣扬他的烈士地位的人补充了一个挑衅性的细节：与布瓦集集公开争吵的那名女警察扇了他耳光。这种说法几乎可以肯定是假的，因为没有目击者说看到警察扇布瓦集集耳光，而那名女警察也坚决否认这一点。但这说明，此时已经有某些群体在歪曲布瓦集集事件的叙述，让它符合自己的政治目的。而这些目的，不是民主或自由主义，而是朝向保守和摈弃"西方思想"，因为女人胆敢打男人，这就是"西方思想"的恶劣影响。

第三部

"阿拉伯之春"

2011~2014

13

莱拉·苏埃夫

埃及

莱拉参与埃及政治太久，对 2011 年 1 月 25 日解放广场示威事件已经不会听什么就信什么了。"这不会是示威游行，"一名年轻的政治活动家告诉她，"这将会是一场革命。"她能理解对方的激动心情。几天前，突尼斯蔬菜水果小贩的自焚迫使长期统治突尼斯的铁腕人物宰因·阿比丁·本·阿里下台。整个阿拉伯世界都在酝酿反叛，但埃及毕竟是埃及。莱拉估计在埃及会举办一些新的会议声援突尼斯革命者，也许会开展一些纸面上的改革，但肯定不会发生武装反叛。她甚至拿这开玩笑。示威前的那天，她参加了一次教育会议。一名组织者问她，第二天是否还来开会。她答道："嗯，明天要革命了。如果革命能早点结束的话，我就回来开会。"

次日，莱拉走近解放广场时，才意识到这一天的活动与埃及之前那些没有实际力量的抗议完全不同。在此之前，埃及的政治活动家如果能吸引到数百名示威者，就认为这是一次成功的示威，而超过 1000 人是非常不寻常的事情。在 1 月 25 日的解放广场，示威民众至少有 15000 人，莱拉很快听说还有成千上万人聚集到开罗周边和埃及全境各城镇的集结点。在解放广场，和全国其他地方一样，安全部队大吃一惊，在人潮的冲击下不得不退却，束手无策地站在那里，任凭胆子越来越大的民众把口号从要求改革变成公开要求胡斯尼·穆巴拉克下台。

2011 年，埃及解放广场上的示威者

让莱拉确信此次示威与之前她参加过的不计其数的示威截然不同的，不只是参与人数。"在解放广场，我遇见的一些人来自埃及北部的各个地方。有的人走了数百公里来参加示威。他们下定决心，不推翻穆巴拉克就不回家。"

随后两天，示威继续。1 月 28 日，莱拉确信这的确是一场

2011 年，埃及解放广场上的示威者

革命。这天早上，她和一些朋友来到开罗西北的因巴拜区
（Imbaba），加入一群准备向解放广场进军的示威者。这时他们
遇到了身穿防暴装备的士兵组成的人墙。士兵驱散示威人群后追
赶他们，一直追到因巴拜的狭窄小巷里，并不时发射催泪弹。

"这是非常愚蠢的错误，"莱拉解释道，"这些小巷非常狭
窄，市民几乎就是在街上过日子的，所以整个因巴拜揭竿而起。
部队和市民正面对抗，士兵没有办法驱赶市民。他们要打垮这些
士兵，烧掉警察局，哪怕丢掉性命也在所不惜。"

因巴拜的战斗持续到下午晚些时候。莱拉与朋友分开了，决
定独自走到市中心。这趟旅程非常诡异。街上空荡荡的，但暮色

中随处可见有东西在燃烧：汽车、街垒、警察局。周围的楼房回荡着枪声，有的是单发枪响，有的是突击步枪连发的突突声。夜幕降临，莱拉终于来到拉美西斯大街，这是开罗市中心的一条主要大街。

"突然间出现了人山人海的示威者，"她回忆道，"他们在拉美西斯大街奔跑。他们刚刚突破了警察的封锁线，跑向解放广场。一个年轻男子看见我站在那里，跑过来拥抱我。他显然之前在解放广场见过我。他说：'我告诉过你，我们会有一场革命！'就在这时，我明白了，这是真的，我们一定会胜利。"

随后一周里，示威者人数持续增长，斗志越来越高昂，但政府的打压也越来越严酷。军警越来越多使用实弹，而不是催泪弹。2月1日，傲气冲天的穆巴拉克在电台广播上宣布自己永远不会离开埃及，"我会死在埃及土地上"。次日出现了一些怪诞的景观，被称为"骆驼之战"。数十名政府雇用的暴徒骑着马和骆驼，用马鞭殴打在解放广场安营扎寨的示威者。

次日，艾哈迈德·赛义夫的法律中心遭到宪兵突击搜查，他和数十名同事被押到军事情报局总部讯问。一连两天，多名军官审讯了艾哈迈德，但他有理由对其中一次会面印象特别深。2月5日，军事情报局局长，名叫阿卜杜勒·法塔赫·塞西的面色苍白的将军，在忙其他事情时偶然从艾哈迈德和其他几名犯人身旁走过。塞西即兴高谈阔论起来，警告犯人要尊重穆巴拉克和埃及的军事领导层，等他们获释之后应当立刻回家，忘了解放广场。

艾哈迈德没有毕恭毕敬地沉默着听他宣讲，而是反驳说穆巴拉克是腐败分子。将军的傲慢仪态立刻变了。"他发火了，脸涨得通红，"艾哈迈德几年后向《卫报》回忆道，"他仿佛觉得所有公民都会接受他的观点，没人会公开反驳他。他遭到公开反驳的时候，就发飙了。"

艾哈迈德获释那天，到家里换了身衣服，然后立刻去了解放广场。

政权正在瓦解的迹象越来越明显。埃及全境传来消息，军队拒绝服从向示威者开枪的命令。在解放广场，电视摄像机捕捉到的镜头里，军人和示威者拥抱，并和他们分享香烟。

2月11日，胡斯尼·穆巴拉克政治生涯的丧钟终于敲响。总统递交了辞呈，然后和家人一起登上飞机，逃往红海之滨小城沙姆沙伊赫，他们在那里有一座宫殿般的别墅。得知此消息后，整个埃及欢欣鼓舞，开罗解放广场上的人们最为喜悦。

但有少数埃及人在此时已经喜忧参半，尤其是因为传来了消息，称一群高级将领，即所谓的武装部队最高委员会，将组成临时政府，等待选举。莱拉·苏埃夫就是感到担忧的人之一。

"在穆巴拉克统治的最后几天，"她说，"我们预感到大事不妙，于是我和其他几位独立人士努力与不同的政治派别沟通。'夺权吧，不要等别人批准。赶紧趁军方还没有控制局势的时候夺取政权！'所有人都这样回答我：'对呀，这是好主意。我们过几天开会会讨论。'"莱拉摇摇头，微微苦笑道："但我也许是在苟求。也许当时我们没有能力夺权。人民需要相信自己赢了。不是我们这些政客，而是走上街头的千百万人民要相信自己赢了。他们需要一段时间来庆祝胜利。"她叹了口气，然后沉默了片刻。"我说不准。一直到今天我也说不准。但我觉得那是我们的关键时刻，而我们输了。"

14

马基迪·曼古什

利比亚

2011年5月9日清晨，在达夫尼亚（Ad Dafiniyah）郊区一座孤零零的农舍里，马基迪·曼古什向伙伴道别，独自走向无人地带。他的目的地是东面约10英里处的家乡米苏拉塔。

在路上，他听见枪声越来越多，偶尔还有远方低沉的炮声。但在米苏拉塔沿海地带的轻风和崎岖山地中，马基迪没办法判断炮声是从多远之外传来的，甚至也说不准炮声的方向。他努力记住自己在基础训练中学到的东西：战场上最值得担忧的不是枪声，而是一种轻轻的爆音，就像打响指。那是空气在子弹后方的摩擦声，只有子弹离你很近的时候，你才能听见这种声音。

马基迪的右裤兜里有他的军人证，表明他是利比亚空军的三年级学员。如果遇到叛军，这张证件本身不太可能给他制造麻烦；到此时，武装冲突已经持续三个月了，不计其数的政府军士兵开了小差，而且马基迪是米苏拉塔人，这能佐证他的解释，即他要回家。但他左裤兜里的卫星电话就是另一码事了。利比亚的互联网和手机网络都已经被切断，舒拉亚（Thuraya）卫星电话变成了一线政府工作人员的标准通信工具。马基迪的卫星电话更容易被发现，而一旦被叛军发现，他们一定会下定结论，相信他来米苏拉塔是为了刺探情报。如果那样的话，就地枪决是他能期待的最仁慈的处置了。

如果真的发生了这种情况，那么处决马基迪的人就做对了。这个轻声细语的二十四岁空军学员之所以返回家乡，是要执行一项秘密任务：摸清叛军在米苏拉塔的司令部的位置，然后将情报传给利比亚军事情报局，从而刺杀叛军领导人。

这一天，在利比亚的 600 万公民当中，恐怕很难找到比马基迪·曼古什对最近三个月形势更两眼一抹黑的人了。况且，他在这段时间并不是待在偏远的沙漠据点，而是处于利比亚内战的核心地带，这就让他的无知更显得奇怪了。

这年 1 月，在米苏拉塔西南部的庞大军营，马基迪和其他空军学员在电视上看到了突尼斯和埃及发生动荡的新闻，都感到震惊。马基迪在周末休假时还能与家人和身为平民的朋友接触，所以他对混乱局势的了解更多一些。但他和同学都没有把外国的动荡与利比亚局势联系在一起，更没有想到动荡会波及利比亚。

2 月 19 日星期六晚上，学员们听到城里传来一系列爆炸声。起初他们以为那是烟花爆竹，但爆炸声越来越响，并且越来越近，学员们终于意识到这是枪声。没过多久，他们奉命到操练场集合，得知休假一概取消。此时，营地周围的瞭望塔（通常是空的，或者只有一名百无聊赖的哨兵）已经安排了许多士兵和机枪。

"这时我们意识到出大事了",马基迪回忆道,"因为我们从来没有见过这样的事情。但还是没人告诉我们到底发生了什么事。"

马基迪希望第二天上课的时候能得到解释,但平民身份的教师没来上课,于是这一条外部信息来源也断了。这一整天以及次日,墙外不断传来零星枪声,有时枪声很近,然后又逐渐消退,激烈的枪声之间夹着漫长的宁静。马基迪一直和在学院的最好朋友贾拉勒·德里西待在一起。在这怪诞的信息断绝的环境里,两个年轻人努力猜测到底出了什么事。

2月22日终于有了一点确切消息。身穿橄榄绿长袍的穆阿迈尔·卡扎菲向全国发表讲话。这次讲话很快就得名为"桑噶桑噶"(Zenga Zenga)。独裁者把利比亚全境的社会骚乱怪罪到外国阴谋集团和"耗子"头上。他发誓要"一寸一寸、一屋一屋、一室一室、一条巷子一条巷子、一个人一个人"地净化利比亚。卡扎菲的阿拉伯语发音把"巷子"读成"桑噶"。

卡扎菲话音刚落,米苏拉塔就枪声大作。"仿佛安全部队在等待领袖的指示,"马基迪说,"讲话结束后,他们就在所有地方开枪。"

但营地内的学员仍然处于被隔离的状态,据说外界有目的不明的人对他们构成威胁,而士兵们显然不信任这些学员,对他们严加封锁。一天天过去,墙外的枪战越打越激烈,学员们在兵营里转来转去，或者在庞大的营地内游荡，不知道自己将会怎么样。马基迪和贾拉勒唯一的话题就是自己的命运会如何。"我们坐在一起，一坐就是几个小时，细细琢磨每一个小小的细节，我们捕捉到的每一条线索，"马基迪说，"这究竟是怎么回事？是不是有什么深意？但我们有时实在受不了。我们不得不停止思考这方面的问题。我们必须谈谈足球或姑娘，随便什么能转移我们注意力的话题。"

怪异的隔离状态于 2 月 25 日夜间结束，精锐的第 32 旅士兵突然来到基地。他们宣布自己是从的黎波里来"营救"学员的，并命令学员收拾行装，跑到营地边缘的一个集结点，有巴士在那里等他们。

第 32 旅名声在外，但他们的后勤人员好像素质不怎么样，因为学员共有 580 人，他们却只准备了两辆巴士。这两辆车都塞满了人，其余学员被塞进第 32 旅的吉普车和装甲车，然后车队在夜色中踏上了前往的黎波里的漫长路途。

卡扎菲政权急需正面的宣传，而米苏拉塔的空军学员为其提供了宣传的良机。次日下午，他们被带进的黎波里的一座礼堂，其中口才较好的人被推到摄像机前，表达对第 32 旅和"领袖"拯救学员的感激之情。不过，大家仍然不知道第 32 旅是从什么敌人的手里救了自己。为了给这些电视证言提供漂亮的背景，包括马基迪在内的其余学员奉命走进礼堂，微笑着挥舞他们领到的利比亚小国旗。马基迪生性害羞，于是躲在人群后方。他的很多同学一边挥舞旗帜一边拼命向镜头前挤，这让他感到很意外。后来他才明白："他们这么做是为了让家人在电视上看到他们，知道他们还活着。我真希望自己早一点想到这点，因为我自从战争爆发以来就没和家人通过话，他们都不知道我在哪里。"

的黎波里政权除了将学员从米苏拉塔"营救"出来之外，其实也不知道该怎么安置这些年轻的学员。政府用大巴将他们送到城南郊外一所空荡荡的军事中学，让他们在兵营礼堂和空教室住下，但不准他们离开，也不准他们与家人联系。中学门口有武装士兵看押他们。

但的黎波里军事中学不像空军学院那样封锁严密、滴水不漏，于是学员逐渐从看押他们的士兵那里了解到利比亚当前的冲突。他们得知，虽然骚乱是匪徒帮派和为西方敌国服务的外国雇佣兵制造的，但也有不少受误导的利比亚民众加入，所以骚乱得以蔓延。到3月初时，这一轮外国支持的犯罪活动在米苏拉塔和班加西最为猖獗，也就是马基迪和贾拉勒的家乡。这两座城市如今都激战正酣。

听过这种解释，马基迪在3月中旬看到西方联军的作战飞机开始出现在的黎波里上空去轰炸政府机关时，就不再感到意外了。不仅不吃惊，这些空袭还促使他更加相信，利比亚遭到了境外势力的攻击。当然，这种局面让马基迪和贾拉勒都开始为自己家乡的命运担忧。他们不禁想，他们的朋友有没有受骗加入叛国者。"我们经常谈这些问题，"马基迪说，"'哦，哈立德总是有点疯疯癫癫的；我敢打赌他一定参加了叛军。'"

从米苏拉塔和班加西传来的消息越来越糟糕。4 月初，有报告称，这两座城市的很大一部分已经被摧毁。马基迪和贾拉勒越来越难以忍受虽然安逸却没有自由的生活。他们的困境让他们有了一次黑色幽默式的经历。

一天下午，两位朋友在中学里沮丧地踱来踱去，这时一名经过的陆军军官注意到他俩的仪态，叫他们站住。"这么闷闷不乐干吗，小伙子们?"他说，"一切都会好起来的。"

军官与两名学员聊了起来，最后问他们是哪里人。得知他们是米苏拉塔和班加西人之后，军官摇摇头，吹了声口哨道："我刚才说过的嘛，一切都会好起来的。但也许你俩的情况不是这样……"

空军学员们似乎逐渐赢得了政府的信任，其中一大群人于 4 月中旬被送往一个军事基地去接受导弹制导系统的培训。但马基迪和贾拉勒都没有被选中，于是他们继续待在中学。5 月初的一天，马基迪在兵营遇见一个老相识。这位熟人叫穆罕默德，如今是军事情报军官，他想和马基迪谈谈米苏拉塔的事情。两人谈了一段时间，穆罕默德询问了城内若干地点的情况，并问他是否知道米苏拉塔的"市民领袖"住在哪里。马基迪对这次谈话没有多想，但几天后的一个下午，他被叫到了指挥部。

在那里，一名军官告诉马基迪，他被选中参加导弹制导系统的课程。马上会有一辆吉普车送他去基地。他必须立刻出发，甚至没有时间向贾拉勒道别。

但吉普车没有把他送往军事基地，而是在的黎波里环城路上走，开向沿海高速公路，然后又折向东。马基迪不知道自己要被送去哪里，司机也沉默寡言。

到傍晚，他们抵达了达夫尼亚，这是距离米苏拉塔最近的小镇，也是政府军控制范围最远的地方。在那里，马基迪被带进一座小农舍，得知有人要打电话给他。电话另一端是军事情报军官穆罕默德。

穆罕默德解释道，空军学员马基迪已经被选中参加一次"特殊的爱国行动"。马基迪的任务是溜进米苏拉塔，摸清叛军领导人在什么地方，他们的住处又在哪里。确定这些信息之后，他需要把情报交给一名潜伏在米苏拉塔的名叫阿尤布（Ayoub）的联络官。为了与阿尤布取得联系，马基迪领到了一台舒拉亚卫星电话，还得到了一个电话号码。

听到这一切，马基迪有两个想法。第一个有关他在老家的朋友。他得知米苏拉塔的战斗多么激烈之后，就估计他的一些朋友肯定加入了叛军。如果他执行此项任务，很可能会害了这些朋友的性命。

另一个想法是他几天前与贾拉勒的一次对话。贾拉勒一觉醒来满脸愁云，解释说自己做了一个噩梦。马基迪花了不少时间才劝他说出了噩梦的细节。"我梦见你和我在米苏拉塔战斗，"贾拉勒最后吐露道，"然后你阵亡了。"

但马基迪的犹豫很快消散了。他在的黎波里过的是与世隔绝的生活，只能听到政府想让他听到的东西。即便他不是完全相信政府的宣传，但也相信大部分，所以愿意帮助政府打败正在摧毁利比亚的外国侵略者及其走狗，哪怕这里面包括他的熟人。或许最重要的是，他只是希望没有着落的状态赶紧结束。差不多三个月里他与家人和外界都没有联系了，如今他只希望事态能有所改变，任何改变都行。于是他同意了，于次日清晨走进了无人地带。

马基迪对此番旅程的记忆很模糊。他不记得自己走了多久。他估计自己走了三个钟头，但也可能比这短，或者长达六个小时。只有一个瞬间让他记忆犹新。在无人地带走了大约一半路程的时候，马基迪心中突然涌起喜悦，这是他此前从未感受过的喜悦。

"我真的没法描述，"他说，"而且之后我再没有过那种感觉。但我当时非常开心，觉得万事万物都顺眼。"他沉默了一段时间，寻找解释。"我想是因为我走到了那个地方，我终于摆脱了其他人的阴影。我没有背叛朋友，也没有背叛祖国。那是后来的事情。所以只要我待在那里，我就是自由的。"

15

马吉德·易卜拉欣

叙利亚

和利比亚的马基迪·曼古什一样，马吉德·易卜拉欣起初也仅是 2011 年年初阿拉伯世界越来越严重的动荡的旁观者。叙利亚独裁者并没有试图向人民隐瞒突尼斯和埃及发生的事情，说到这些的时候甚至有点洋洋自得。"我们国家的条件比大多数阿拉伯国家都困难，"巴沙尔·阿萨德总统在 1 月 31 日气度恢宏地告诉《华尔街日报》，"但即便如此，叙利亚也保持了稳定。为什么？因为我们和人民的信念保持着非常紧密的联系。"

但在这次采访之后不久，受国家管控的叙利亚媒体对这个话题就三缄其口了。3 月初，叙利亚南部城市德拉发生游行示威，抗议政府逮捕并（据说）拷打了一群在墙上涂画反政府涂鸦的中学生。媒体对此避而不谈。"我通过社交媒体得知了德拉的事情，"马吉德说，"是从脸书（Facebook）和优兔（YouTube）上知道的。"

通过社交媒体，马吉德还得知了一次被称为"尊严之日"（Day of Dignity）的声援抗议，它将于 3 月 18 日在霍姆斯市中心的哈立德·伊本·瓦利德①清真寺（Khalid bin al-Waleed Mosque）门前举行。马吉德听从了父母的告诫，没有参加那次活动，但他从朋友那里得知，有数百名示威者露面，在现场监视他们的警察和国家安全人员差不多也有这么多。对十八岁的大学生马吉德来说，这是个令人震惊的故事。霍姆斯此前从来没有过这样的事情。

与一周之后的第二次示威活动相比，这第一次只能算很袖珍。第二次示威期间，抗议者多达数千人。马吉德估计既然人这么多，他躲在旁观者里不会有事，于是他来到了示威民众附近，听到了他们的要求：要求政治改革，要求更多的公民权利，要求废除已经执行了四十八年的国家紧急状态法。

3月30日，阿萨德向叙利亚议会发表讲话，国家电视台和广播电台都直播了。叙利亚好几座城市发生了游行示威，但大部分示威总的来讲还是和平的，异见分子呼吁的也是改革，而不是推翻现政权。这一点，再加上大家相信叙利亚政府一定从近期突尼斯和埃及政府垮台以及利比亚局势越来越混乱那里吸取了教训，让很多人期待阿萨德会走温和路线，寻求与人民和解。

大家会这么想，是因为阿萨德的个性表现得一贯温和。在他

① 哈立德·伊本·瓦利德（585~642），号称"安拉之剑"，是先知穆罕默德的圣门弟子和重要将领。他连续大败拜占庭帝国、萨珊波斯等国家，为新生的伊斯兰哈里发政权征服了叙利亚、美索不达米亚等广袤地区。他一生作战约200场（有大规模战役，也有单挑决斗），从未失败过。他的陵墓在霍姆斯，以他的名字命名的清真寺就在他的陵墓旁。

父亲去世之后的十一年里，他一直统治着叙利亚。这个谦逊低调的医生在此期间做了很多改革的姿态，并和他年轻漂亮、生于英国的妻子阿斯玛一起，为叙利亚独裁统治装扮出了讨人喜欢的、现代化的面孔。碰巧这个月的《时尚》杂志刊登了对叙利亚第一夫人不吝溢美之词的报道，题为"沙漠玫瑰"，集中赞扬了阿斯玛在儿童福利方面的工作和她时髦的时尚品位。《时尚》的时机选择可以说是非常糟糕了。

但在魅力攻势的背后，叙利亚其实并没有什么变化。秘密警察仍然无处不在，而"深层政府"（deep state）①，即永久性统治叙利亚的官僚和军人阶层，仍然牢牢掌握在阿拉维少数派手里。阿拉维派和叙利亚的基督徒少数派都担心，一旦向示威者让步，就等于请逊尼派发动革命，那阿拉维派和基督徒掌权者就完了。

阿萨德含糊其词地讲到了未来的改革，以此安抚人心，但随后就在议会讲话里指控街头寻衅滋事的人是帮助"以色列敌人"。他发出了严厉的警告。"消灭颠覆活动，是国民的、道德的和宗教的义务。有能力帮助消灭颠覆活动却不参加的，也属于颠覆分子，"他宣称，"此事没有妥协，没有中间道路。"遵照阿萨德的父亲统治时期开始的传统，在他演讲期间不时有议员跳起

---

① 深层政府，或"国中之国""深层国家"，是指非经民选，由政府官僚、公务员、军事工业、金融界、财团、情报机构、军人密谋者等组成的，为保护其既得利益，幕后操纵并实际控制国家的集团。这种说法有的时候有阴谋论的性质。著名的例子有魏玛共和国时期的国防军、日本帝国的军部等。

来呼喊他们对总统至死不渝的热爱和感激。

在马吉德的记忆里，阿萨德发表讲话之后，霍姆斯陷入了一种令人不安的沉寂。城里还有一些零星的抗议，全副武装的安全部队监视着这些人，但仿佛没有人知道下一步该做什么。似乎各方都害怕把国家推向公开的内战，就像利比亚那样。

这个插曲于 2011 年 4 月 17 日骤然结束。据半岛电视台报道，当晚，一小群示威者，可能有 40 人，在霍姆斯一座清真寺外抗议，这时好几辆汽车停到他们旁边。一群人从车上下来，在近距离枪杀了至少 25 名示威者。凶手可能是当地的便衣警察，也可能是主要由阿拉维派组成的沙比哈暴徒。

这简直就是火上浇油。当夜，数万名示威者占据了霍姆斯市中心的钟楼广场。这一次，警察和沙比哈从屋顶和周边楼房的高层居高临下地向示威者开枪。"就这样，一切都变了，"马吉德说，"之前是抗议，从 4 月 17 日开始就是起义了。"

但这次起义有很强的规律性，并且陷入恶性循环。几乎每天都有示威者被杀，次日为他们举行的葬礼又成为更多示威者走上街头的理由。安全部队越来越残暴地镇压示威者，又制造了新一批死者，于是下一次葬礼有更多人参加，也就有更多人死亡。到 5 月初，暴力的循环已经严重恶化，以至于叙利亚军队向霍姆斯调遣了大部队。这座城市几乎停摆。

马吉德回忆道："没人信任当地的安全部队。"他指的是传统上在叙利亚各城镇掌权的穆哈巴拉特和制服警察组成的庞大机构。"但大家看到军队来了，都高兴。我也高兴，因为我们相信军队是来保护人民、阻止杀戮的。果然有用。军队有坦克，什么都有，但他们没有动武。很快杀戮就停止了。"

然而没过多久，政府将大部分军力从霍姆斯撤走，以便将其部署到其他地方，去执行别的"平定"任务。没有军队维持秩序，穆哈巴拉特就开始向半官方的沙比哈分发比较重型的武器。城市很快恢复到流血冲突的状态。在霍姆斯周边，效忠于政府的志愿者搭建了路障，并袭击被叛军控制的城区。整个夏季，战斗一直在打，各种支持或反对政府的枪手控制了城市越来越多的区域。

随后局势变得更加凶险。在这座宗教混杂程度最高的叙利亚城市，突然开始有人仅仅因为自己的宗教信仰就被杀害。据路透社报道，2011 年 11 月，一群枪手拦住一辆大巴，谋杀了 9 名阿拉维派乘客。次日，在附近一座路障，叙利亚安全部队似乎是为了报复，处决了 11 名逊尼派劳工。与此同时，霍姆斯城发生了一系列针对专业阶层人士的绑架和暗杀恐怖行动，促使其中很多人藏匿或者逃亡。

战斗时断时续，非常有超现实的诡异感。有些区杀得昏天暗地，而有的区商店照常营业，咖啡馆坐满客人。马吉德·易卜拉欣所在的韦尔区属于后一种情况。他认真听关于城内某些具体地点起火的新闻，在大多数日子里可以安全通行两英里，去复兴大学继续上酒店管理课。但到了 2012 年 2 月，厮杀变得极其混乱，大学暂时停课。与此同时，霍姆斯有传闻说，叙利亚军队即将卷土重来，这一次要彻底镇压叛乱。

"就在这个时候，我父母决定把我送到大马士革，"马吉德解释道，"大学停课了，战事即将升级，他们觉得我没有理由留在这里。而且年轻男子在这里会特别危险。"马吉德于 2 月初前往叙利亚首都时，在霍姆斯郊外高速公路上经过了停在路边的似乎无穷无尽的军队运输卡车、坦克和大炮。次日，叙利亚军队开进了城。

到此时，霍姆斯的战火已经熊熊燃烧了十个月，它赢得的绰号是"革命之都"。但它很快会有一个新绰号：叙利亚的斯大林格勒。

16

马基迪·曼古什

利比亚

马基迪·曼古什抵达米苏拉塔西郊时遇见的第一个活人是个小男孩，八九岁的样子，在泥土里玩耍。周围的房屋空无一人，被炮弹打得千疮百孔。但他注意到一座农舍墙边的阴影里停着一辆汽车。

"你父亲在家吗？"马基迪问那男孩，"你能带我去见你父亲吗？"

在农舍，马基迪见到了男孩的父亲，一个三十几岁的男人。他看到这个陌生人从无人地带走来，既大吃一惊，也满腹狐疑。马基迪重复了用来掩护身份的故事：他从政府军开了小差，想找到自己的家人。他的姓氏对他的伪装很有帮助，因为米苏拉塔人都知道曼古什氏族。男子放松了戒备，愿意开车送马基迪进城。

马基迪虽然早就听说家乡战况激烈，但看到真实情况还是大受震撼。自 2011 年 2 月底以来，米苏拉塔遭到了政府军的猛烈攻打，市民的口粮和医药几乎完全依赖海上交通线。政府军一直炮轰这座城市，并且像卡扎菲承诺的那样，与叛军一条巷子一条巷子、一个人一个人地厮杀。3 月底西方联军开始空袭之后，政府军的围攻松懈了一些，但城市受到的破坏令人触目惊心。马基迪眼帘中到处是被坦克炮弹炸毁或被火烧得漆黑的房屋。有些地方的毁坏如此严重，以至于他说不清自己正在经过的是哪条大街、哪个路口。

农舍的男人把马基迪送到他家门口。"我走进前门，"他回忆道，"遇见的第一个人是我姐姐。然后是我嫂子和我哥的孩子们。"回想起这一切，马基迪眨眨泪眼："已经三个月了，我还以为永远见不着他们了。"

这天的余下时间里，马基迪与家人团聚。他得知，父亲患了重病，于是他的父母搭乘一艘医疗救援船去了突尼斯。他还得知，米苏拉塔反叛政府的"叛军"不仅包括他的老朋友，还有他的亲人。过去几周里，他的大哥穆罕默德把一群叛逃的空军直升机飞行员藏在自家的一间小屋里。看来所有人都加入了革命，毕竟米苏拉塔已经承受了这么多苦难，他们都决心反抗到底。

在家庭团圆期间，马基迪短暂地告辞，去了自己的旧卧室。他从口袋里掏出舒拉亚卫星电话，将它藏在架子上一捆寝具背后。"我还不知道自己要怎么办，"他说，"我只知道，必须把电话藏起来。"

随后一周里，归家的米苏拉塔之子在已经成为瓦砾堆的城市漫游，与朋友见面，了解谁在战斗中负伤或者丢了性命。他渐渐明白了，政府之前对他的宣讲，他之前的信念，都是谎言。没有犯罪分子，没有外国雇佣军，至少叛军当中没有。有的只是像他亲人那样的普通市民，他们急于摆脱独裁统治。

但马基迪的新觉悟让他处于非常尴尬的境地。他的情报联络人阿尤布肯定知道他已经到了米苏拉塔，在等他汇报。马基迪曾短暂地考虑干脆丢掉舒拉亚卫星电话，假装什么事情都没发生。不过他意识到，假如政府最后获胜，他的家庭将遭到残酷报复。但如果叛军在城里发现了卡扎菲的间谍小组，并发现他也是政府的间谍呢？

面对这些可能性，这位空军学员想出了一个更聪明也更危险的计划。5月中旬，他找到了叛军在当地的军事委员会，揭露了真相。马基迪很清楚，一个间谍在战时投奔敌人，风险极大。叛军最方便的选择就是监禁或处决他。但是，他向叛军提出了一个大胆的提议。

次日上午，马基迪终于联系了政府军的联络人阿尤布，与他约定两天后在市中心一座空荡荡的公寓楼接头。他俩正在谈着，一群叛军突击队员端着枪冲了进来，迅速将两人按倒在地。马基迪和阿尤布随后被押上不同的汽车，送到监狱。等到叛军的军事委员会宣布抓获"两名政府军奸细"时，马基迪已经安全地回到家中。

虽然此次欺骗行动很顺利，但米苏拉塔城内可能还有其他政府间谍知道马基迪的任务，所以他继续待在城里已经不安全了。他利用这个机会溜到突尼斯去看望父母。

对马基迪来说，安宁而现代化的突尼斯又是一个出人意料的发现。"那里非常平静，非常放松，"他回忆道，"我过了好长时间才相信这是真的。"

马基迪完全可以留在突尼斯。他的父母也肯定希望他留下。但过了几周他就坐立不安，心神不宁，觉得自己在利比亚内战中的角色还没演完。"我想部分原因是为了报仇。我曾站在政府军那边，但他们撒谎，耍弄了我。而且战争还没结束，还有人在战斗，还有人死亡。我告诉父母，我别无选择。我必须回家。"

回到米苏拉塔，马基迪立刻加入了当地的反政府民兵队伍"济加尔旅"（Dhi Qar Brigade），准备向的黎波里的卡扎菲老巢进军。但他还没有赶到那里参战，首都的政府军就瓦解了，独裁者和剩余的忠实追随者沿着海岸撤退到苏尔特，那是卡扎菲所在部落的家园。在那里，背靠大海，面对重围，他们做了绝望的最后抵抗。在一个月时间里，马基迪所在的部队据守着苏尔特高速公路绕行道路的一段，炮击政府军要塞，并偶尔与企图突围的政府军交火。和利比亚内战的其他地方一样（坦率地说，和绝大部分战争的情况一样），苏尔特的战斗很零星，时断时续，有时是激烈交火，然后是长时间的沉闷无聊。马基迪觉得这种节奏似乎要无限期地持续下去。

但战事于2011年10月20日非常突然地结束了。这天上午，苏尔特西部发生了激烈交火，西方联军还发动了一系列空袭。马基迪从绕行道路的阵地可以看见苏尔特周围燃起了熊熊大火，烟

**2011 年，本加尔丹附近，突尼斯与
利比亚边境上的利比亚难民**

尘滚滚。大约下午 2 点时，西郊又发生了一次集中的轻武器交
火，这一次持续了大约二十分钟，然后一切都寂静了。起初，马
基迪及其战友觉得卡扎菲的人投降了，但很快传来了更美妙的喜
讯：独裁者本人被抓获并处死了。"我们全都欢呼雀跃，互相拥
抱，"马基迪回忆道，"因为我们知道，这意味着战争结束了。
经历了这么多杀戮，经历了卡扎菲的四十二年统治，利比亚终于
迎来了新的一天。"

　　战斗结束了，马基迪返回米苏拉塔，转入一个更符合他的温
和秉性的民兵单位：他加入了一个救护车队，将重伤员从米苏拉
塔的医院运往机场，将其送到国外接受更先进的治疗。他很喜欢

这工作，他觉得这说明国家经历了那么多死亡与破坏之后，终于有了显而易见的恢复的迹象。这也加深了他对未来的乐观。

12 月的一天，在米苏拉塔机场，马基迪见到了一位访客。他是萨迈赫·德里西，是马基迪的朋友贾拉勒的哥哥。萨迈赫从班加西长途跋涉 500 英里，来求他帮忙。

17

马吉德·易卜拉欣

叙利亚

马吉德在大马士革待了四个月，与此同时他的家乡霍姆斯陷入激烈巷战。尽管首都的气氛很安宁（是令人心惊肉跳的那种安宁），他还是急切希望回去与家人团聚，并继续上学。终于，2012 年 5 月，霍姆斯局势足够平静，大学复课了。

马吉德在大马士革期间定期与父母和朋友联络，所以他知道霍姆斯的战事集中在市中心以南的巴巴阿米尔区。他得知城市遭到了严重破坏，但他对真相还是没有足够的心理准备。"我回来的那天，乘车经过了巴巴阿米尔区，"他回忆道，"唉，它完全消失了。什么都没剩下。我记得我当时在努力思考一些积极的东西。我想，所有人都应当来看看。如果大家都看到巴巴阿米尔成了什么模样，那么这就是一个教训。大家就会明白，战争是多么可怕。"

他这种想法很快就被证明是过于幼稚了。马吉德回家的几周之后，霍姆斯争夺战再次打响。这一次，政府军的攻击目标是哈利迪亚区的叛军。政府军的主要炮兵集结地就在韦尔区隔壁，所以不管什么时间都可能有炮弹从易卜拉欣一家的公寓楼上方径直飞过。

"炮弹从我们头顶飞过的时候，"马吉德说，"仿佛空气被吸走了。我不知道怎么描述才好，但肺里能感受到。随后大约半分钟里，人会呼吸困难，仿佛氧气都被抽走了。"

2012年整个夏季，霍姆斯战役一直在打。叙利亚政府军有条不紊地逐个攻击叛军控制的区。政府军的地面部队得到了坦克、大炮和武装直升机的支援。不过和之前作战期间一样，韦尔这个中产阶级社区是相对平静的绿洲。马吉德认为这是因为韦尔的多元化。这里的居民有逊尼派、阿拉维派和基督徒，所以没有一支叛军民兵能真正控制这块飞地。而既然这里没有大量反政府民兵，那么战线吃紧的叙利亚政府军就懒得去管。

但到2012年秋季，情况开始变化。在韦尔的大街上，马吉德注意到越来越多的年轻男子手持武器，他们佩戴的徽记最常见的是叙利亚自由军（Free Syrian Army，FSA）的徽记。这些民兵也注意到了马吉德。他二十岁，是最适合当兵的年纪，所以他每天去大学上课的路程变得越来越紧张，枪手询问他是站在哪一边的，或者嘲笑他还没有"入伍"。

为了应对韦尔越来越紧张的局势，易卜拉欣一家租了一间"避难屋"。很多比较富裕的市民已经采纳了这种安全措施。眼下很多家庭已经逃离霍姆斯，所以城里到处是装潢妥善但无人居住的公寓。马吉德的父亲联系到了一个已经逃到大马士革的家庭，租下了他们位于郊区的公寓；一旦韦尔出了麻烦，易卜拉欣一家就可以到那里躲避。起初，易卜拉欣一家只是偶尔撤到避难屋，但到 2013 年年初，他们逃跑的频率已经增加到每周两三次。他们最担心的是家里的长子会落到民兵手里。

"大多数民兵只不过是街坊邻居，不知从哪里搞到了枪，"马吉德解释道，"我认识其中很多人。我是和他们一起长大的。所以这还好。但越来越多的民兵从外界赶来，这些人很粗暴。其中很多是巴巴阿米尔和哈利迪亚战斗的幸存者。他们对所有人都疑神疑鬼，我们永远没法知道他们要干什么。"

更令人不安的是，很多民兵吸毒。他们习惯服用一种叫"芬乃他林"（Captagon）的安非他命兴奋剂，这能让他们一连好几天都精神抖擞。需要放松的时候，他们就服用一种叫"佐拉姆"（Zolam）的抗焦虑药物。

五花八门的武装群体在韦尔安营扎寨，很多只不过是街坊邻居的自卫队。其中的叙利亚自由军让马吉德尤其鄙夷。当时美国的外交圈子经常说叙利亚自由军是世俗化的进步人士，如果得到支持的话，也许能引领叙利亚走向民主。但在马吉德眼里，他们只不过是一群机会主义者和懦夫。

"伊斯兰主义民兵至少还有一些信仰和纪律，"他说，"而韦尔的叙利亚自由军只不过是一群喜欢拿着枪转悠、到处吓唬人的小伙子。最搞笑的是，这些家伙最容易害怕。如果有别的武装力量来到他们的地盘，他们就立刻投奔对方。"

　　一天，马吉德遇见一位年轻的叙利亚自由军指挥官，他俩已经很熟悉了。此人嘴里永远叼着香烟。然而这一天，他却沮丧地坐着，没有抽烟。马吉德问他为什么不抽烟。他解释道，他已经不是叙利亚自由军的人了。他的部队被一支伊斯兰武装接管了，他的新领导宣布抽烟不符合伊斯兰教法。

18

马基迪·曼古什

利比亚

　　萨迈赫·德里西找到马基迪，请他帮忙寻找弟弟贾拉勒。此时是 2011 年 12 月，利比亚革命已经结束两个多月了。但德里西家上一次与贾拉勒取得联系还是 5 月时的事情。当时贾拉勒从的黎波里那家中学，也就是空军学员被监禁的地方，打了个电话给家里。那是马基迪启程前往米苏拉塔执行间谍任务的几天之后。

　　马基迪此时的工作是运送伤员到米苏拉塔机场，帮助他们登上医疗救援飞机。他请了假，无比执着地寻找失踪的朋友。他返回的黎波里，花了好几周时间找到了以前在空军学院的一些老同学，从他们那里了解到部分情况。随后马基迪直接返回了米苏拉塔。

　　2011 年 5 月，在那所中学，贾拉勒和其他约五十名学员被选中。长官告诉他们，他们要去米苏拉塔外围协助一次行动。他们具体的任务是跟随前线部队进军米苏拉塔城，搜寻旧的陷阱饵雷，并保卫交通线和补给线。实际上，这些学员是诱饵，他们被送到开阔地迎接叛军的枪林弹雨，同时政府军里经验丰富的老兵坐在后方观察敌人火力点的位置。眼看着一个又一个学员死于这场自杀式行动，贾拉勒和另外两名同学逃到了一座外围农舍，恳求一名老农带他们南下，远离战场。但老农把他们出卖给了国内安全部队，这些人立刻把他们移交给政府军。遭受一轮暴打之后，三人被送回去执行自杀式任务。

马基迪了解到的就是这么多。不久之后，贾拉勒的两个同学第二次逃跑，这次成功了，而贾拉勒已经被转移到了战线的另一个地段。

于是马基迪开始了新的搜寻。他终于找到了另一位老同学，此人补充了剩余的情况。6月的一天，一小群学员，包括贾拉勒和其他一些幸存到那时的同学，驻扎在米苏拉塔南郊的一条农庄道路上，这时一名军官开车抵达，让学员过来听取形势报告。就在同一时间，一架西方联军的战斗机或无人机发射的导弹把军官的汽车炸毁了，他和站在附近的大多数学员当场死亡。但贾拉勒·德里西不在其中。导弹命中时，他坐在大约五十码之外的一棵树下，但一块弹片击中了他，把他脑袋的上半部分削掉了。幸存的伙伴将贾拉勒飞洒的脑浆掩埋在树下，但把他的尸体和其他死者一起搬到卡车上，运往某个地点不详的墓地。

"我当然想起了他做过的那个梦，"马基迪说，"的确，我俩都去米苏拉塔打仗了，但死的是他。"

大多数人到这里就结束搜索了，但马基迪不肯放弃。他回想起在班加西与贾拉勒一家度过的愉快时光和他们的热情款待，决心一定要找到朋友的遗骨，将其送回家。他登门拜访了新的革命政府不计其数的官员，终于找到了的黎波里的一座墓地。"叛徒"，也就是忠于卡扎菲政权的人的尸体就被集中埋在那里。

这是一片阴森可怖、满地垃圾的土地，有数百座坟墓。马基迪有条不紊地逐一查看，但找不到贾拉勒的名字。最后他来到墓地的一个偏僻角落，看到一个墓碑上标着"无名氏"。马基迪一阵兴奋，因为他想到，贾拉勒的头部伤得很重，也许无法确认他的身份。但他又看到还有三座墓碑写着"无名氏"。他回到墓地管理办公室，要求看无名死尸被掩埋前的照片。但那四人的面孔都严重损毁，无法辨认。

马基迪坚信其中之一就是贾拉勒。他把消息告诉德里西一家，并在几个月后飞到班加西，亲自吊唁。"这次见面大家的心情都非常沉痛，"他说，"我向他们道歉，说我没能照顾好贾拉勒，但是……"他悲伤地停顿了片刻，又突然端正了姿态，乐观起来。"所以就是这样子了。贾拉勒就在四座坟墓之一里面，这是肯定的。他的家人提供了 DNA 样本供检测，一旦结果出来，就能确认哪一具尸体是他，就可以把他带回班加西了。"

每一种文化似乎都强调落叶归根，一定要找到亲人的遗骸。正是为了满足德里西一家的需求，马基迪才在那好几个晦暗的月份中坚持不懈地搜寻。但我小心翼翼地向他指出，DNA 识别需要双向的确认，这也就意味着要挖掘的黎波里墓地的全部四具无名尸体，这在革命之后的利比亚几乎不可能办到。马基迪冷冷地看着我，眼睛里似乎有一种坚毅的挑战。然后他淡淡一笑，耸耸肩道："你说得对。"

但是，马基迪在追踪挚友结局的过程中，无意中发现了一场规模更大的悲剧。利比亚革命期间，似乎各方都轮流上阵去杀戮那些空军学员。贾拉勒的情况是卡扎菲政府军用学员当诱饵，但也有一些学员因为企图回家而被政府军处死。叛军在战场上打死了很多学员，被胜利冲昏头脑之后又把更多学员当作"政府的走狗"处死。2012 年，数十名躲过了这一轮轮血雨腥风的学员被关押在革命政府的监狱，更多人藏了起来。马基迪在米苏拉塔空军学院约有 580 位同学，他估计其中有 150 ~ 200 人死于战争和战后的初期。

2011 年，本加尔丹附近的突尼斯与利比亚边境，负伤的利比亚难民被送过界墙

"我们只是学生而已，"他说，"仅此而已。然而双方都利用我们。双方都屠杀我们。"

尽管如此，马基迪起初对革命之后利比亚的未来还是高度乐观。利比亚有石油，人民聪明能干，并且在穆阿迈尔·卡扎菲的四十二年统治之后，都渴望更好的生活。在他看来，第一个严重错误是的黎波里的临时政府"全国过渡委员会"宣布将向所有曾反抗卡扎菲政权的人发放补偿金。这些"革命者"顶多有2万人，但在几周之内，要求领取补偿金的人就猛增到约25万。更糟糕的是，这种补偿体制让人们有理由组建新的武装群体并继续保持独立状态、不服从中央指挥，以便更好地在补偿金里分一杯羹。而与全国过渡委员会结盟的西方国家默许这种补偿体制。早在2012年年末，利比亚的各种民兵武装，有的由真正的革命老战士组成，有的则仅是部落武装或犯罪团伙，就已经开始占山为王，互相争斗。他们抗拒中央政府的经费来源，然而恰恰就是中央政府为他们提供的补偿金。2012年9月，班加西的美国外交官驻地遭到攻击，大使J.克里斯托弗·史蒂文斯和另外三人死亡，奥巴马政府由此痛苦地认清了利比亚的不稳定。但对马基迪来说，革命幻想的破灭是通过更私人的方式发生的。2012年秋，他领到了空军学院的毕业证书，宣布他已经获得了通信工程专业的学位。

"我什么课程都没学完，"他说，"已经一年半没有开课了，所以这张纸毫无价值。但这就是新的利比亚。一切都是谎言和腐败。也许因为我个人的经历，我在学院的好多朋友死了，所以我的体会更深刻。但我就是接受不了。'来，领文凭吧。别人没必要知道。你可以自称工程师了。'也许其他人的感受方式不同，或者他们思考的方式更政治化。但我在领到文凭的时候就看透了，革命遭到了背叛，利比亚是个失败国家。"

19

莱拉·苏埃夫

埃及

对莱拉·苏埃夫来说，2012 年 5 月 28 日的消息糟糕透顶。这天下午，埃及全国选举委员会宣布了两名最终候选人的名字，他们将角逐埃及历史上第一位民主选举产生的总统的位置。本来有十三个候选人，其中唯一肯定能取得进展的是穆罕默德·穆尔西，他是穆斯林兄弟会的领导人。只有穆斯林兄弟会能团结足够多的伊斯兰主义选民，并组成有实力的选举阵营。莱拉坚决反对穆尔西。除一个人外，莱拉愿意支持任何候选人来反对穆尔西，那个人就是艾哈迈德·沙菲克，胡斯尼·穆巴拉克时期的总理。这天下午，消息传来，两位最终候选人是穆尔西和沙菲克。

"那么我们怎么办？"莱拉自问自答，"绝不能接受穆尔西。但如今不是他就是沙菲克。所以我们陷入僵局。我们绝不能选沙菲克，因为那意味着倒退回穆巴拉克时代。所以……"

就这样，坚定的女权主义者和自由主义者莱拉·苏埃夫，居然支持那个主张让埃及重返传统伊斯兰价值观的人。其他很多埃及人发现要在这两人当中选择，都目瞪口呆。在 6 月的决选中，穆尔西以 51.7% 的得票率险胜。

穆尔西在 2012 年 6 月 30 日发表了就职演说，承诺："在新的埃及，总统只是国家雇员，是人民公仆。"倒不如说他是深层政府的仆人。新总统就职的几天前，武装部队最高委员会，也就是穆巴拉克倒台之后统治埃及的军人专政集团，将总统的大部分权力移交给军方。在此之前，穆巴拉克时代遗留的最高宪法法庭已经颁布法令，解散了由穆斯林兄弟会和其他伊斯兰主义政党主宰的议会。所以，穆尔西就职的时候就已经只是傀儡了，只是已经死亡的民主的招牌而已。

但莱拉·苏埃夫早就预感到了这种失败。在前一年 11 月举行的议会选举中，穆斯林兄弟会和其他伊斯兰主义政党大胜反对派，获得了 69% 的席位。莱拉在穆巴拉克时代的最后几天曾敦促各政党夺权，现在她花了很多时间去敦促穆斯林兄弟会夺权。

"我当然从来不是穆斯林兄弟会的支持者，"她解释道，"但最重要的事情是从武装部队最高委员会手里夺权，在他们领导的整个国家机构得到巩固之前夺走他们的权力。不过，穆斯林兄弟会的真正问题在于，他们太温和了，应付不了革命形势。他们不理解政治的紧迫性，也不想惹恼国家机构。他们以为局势会逐渐好转，所以他们最后什么都没做。"莱拉鄙夷地摇摇头道："穆巴拉克下台了，我们知道只有穆斯林兄弟会有能力促成变革，因为他们是唯一有组织的群体。但我们没想到他们在行使权力时如此愚蠢。"

身为总统，穆罕默德·穆尔西拼命努力想抓住已经被自己浪费掉的机会，并夺回已经丧失的权力。

他不理睬最高宪法法庭的法令，命令将已经被解散的、由伊斯兰主义者主导的议会恢复。他甚至更勇敢地将一些高级将领免职，包括势力强大的前国防部长。穆尔西提拔自己的亲信阿卜杜勒·法塔赫·塞西为国防部长。就是这位陆军少将曾在2011年莱拉的丈夫艾哈迈德·赛义夫被监禁期间训斥他。

但穆尔西的操作远远超出了他的驾驭能力。2012年10月，他试图通过行政命令来扩张总统的权力，这一举措让深层政府和世俗反对派都大为惊恐。世俗反对派越来越害怕日渐加深的伊斯兰化。穆尔西迅速取消了自己行政命令里一些争议较大的条款，但他已经造成了危害。埃及全境爆发了新一轮的游行示威。有人谴责总统想当新的"法老"或"阿亚图拉"。

深层政府似乎在等待这个机会，重新利用反政府的伊斯兰主义者与世俗派之间的传统矛盾。几十年来，埃及将军们把伊斯兰主义者，尤其是穆斯林兄弟会，描绘为对现代世俗国家的最大威胁，并理所当然地自认为国家捍卫者，去对抗伊斯兰主义者。在反穆巴拉克的革命期间，将军们的这种策略失败了，因为伊斯兰主义者和进步人士都起来反对军政府。但艾哈迈德·赛义夫明白，这种策略随时都可能再度生效。2011年年末在"大赦国际"的一次人权活动家会议上，当时埃及仍然处于武装部队最高委员会将军们的控制下，就有很多参会者表达了对伊斯兰主义者取得选举胜利的担忧。人权活动家斯科特·朗在他的私人博客上回忆，此次会议期间，通常语气温和的艾哈迈德终于猛拍桌子。"我不能接受美国政府，或大赦国际，或任何人告诉我，为了阻止伊斯兰主义者夺权，我们需要忍受军人独裁，"他说，"我绝不接受这种非黑即白的假选择。"

现在，穆尔西总统因为急于求成而招致失败。似乎越来越多的埃及人愿意接受"假选择"。

"军人政府想做什么，是很清楚的，"莱拉说，"首先，阻挠穆尔西的一切努力，让他不能取得任何成果。让人民觉得他是个失败的总统。其次，让人民越来越害怕他。这很容易，因为把穆斯林兄弟会和恐怖分子画等号的宣传已经有五十年历史了。这种宣传有效果，因为它至少有一部分是真的。在 20 世纪 90 年代，穆斯林兄弟会的好几个极端派别曾与真正的恐怖分子结盟。"

到 2013 年春季，埃及迅速两极化，一边是穆斯林兄弟会的支持者，一边是剩余的几乎所有人。诡异的是，曾在 2011 年走上街头要求民主的同一批年轻人如今要求推翻穆尔西。更诡异的是，这些曾经的民主青年如今把希望寄托于唯一有能力推翻穆尔西的国家机构：埃及军队。

这不单是全国性的失忆。埃及社会的一个怪异特点是长期以来对军队顶礼膜拜，埃及人从上小学开始就受到这样的灌输。所以，即便在穆巴拉克时代，很多埃及人也相信军队和它所支持的贪婪的独裁政权与腐败的官僚机构不是一码事。实际上，军队是腐败体制的主要受益者。埃及军队拥有许多建筑公司、工程公司，甚至还有一家意大利面工厂。但在 2013 年走上街头反对穆尔西的很多人心里想的是，两年前推翻穆巴拉克的时候军队立了大功。那么，既然国家的保卫者曾经推翻一个独裁者，那为什么不能推翻第二个正在成形的独裁者呢？

"我们能预测会发生什么事情，"莱拉说，"是的，穆尔西是个糟糕的总统，他必须下台。但是邀请军队进来就更糟糕了。然而我认识的很多人，包括很多曾经参加解放广场示威的人，都希望军队推翻穆尔西。"

2013 年 6 月 30 日，穆尔西就职的一周年纪念日，埃及全境爆发了大规模游行示威，要求他下台。穆尔西的穆斯林兄弟会也在大街上举行针锋相对的示威。这两大派别之外还有一小群几乎无人察觉的抗议者主张走第三条道路。这些人就包括莱拉·苏埃夫和她的女儿莫娜。

"我们聚集在解放广场附近的一个街角，"莫娜懊恼地笑着回忆道，"我们呼喊着：'不要穆尔西，不要军队！'经过的人纳闷地看着我们，仿佛我们疯了。我们肯定看上去真的像疯了。"

就在这个关键时刻，此前被认为是没有个性的官僚的国防部长阿卜杜勒·法塔赫·塞西终于走出了阴影。7 月 1 日，塞西将军向任命自己为国防部长的那个人发出了最后通牒，给了穆尔西四十八小时来"满足人民的要求"，否则军队会出动并恢复秩序。总统说自己是选举产生的国家元首，大胆地不理睬塞西的威胁。

"穆尔西犯了两个大错，"莱拉说，"首先，他以为军队在没有美国人批准的情况下不敢动他。他没有意识到，将军们早就不关心美国人怎么想了。其次，他居然信任塞西。"

塞西言出必行，果然在 7 月 3 日推翻了穆尔西政府，但这只是开始而已。他还废止了宪法，逮捕了穆尔西和穆斯林兄弟会的其他领导人，并关闭了四家电视台。这预示了未来会是什么模样。几天后，他宣布组建一个临时性的"过渡"政府，由军官和穆巴拉克时代的政府官僚组成。但所有埃及人都知道，掌握实权的是塞西。

新政权暴露出凶狠一面的地方，是埃及的街头。塞西掌权之后的日子里，他的支持者和已经被推翻的前总统的追随者之间的冲突越来越血腥。警察和军队都明确地站在塞西那边。7 月 8 日，安全部队向聚集在开罗市中心的穆尔西支持者开枪，打死至少 51 人。更丑恶的事态还在后面。8 月 14 日下午，安全部队开进了开罗的拉巴广场，奉命驱散聚集在那里的数千名穆尔西支持者，这些人在之前的一个月里一直在拉巴广场宿营。在随后的屠杀中，根据最可靠的估计，至少有 800 名甚或超过 1000 名示威者被杀。随后几天，成千上万的人走上开罗街头，歌颂军队在拉巴广场的作为。这是对 2011 年革命的丑恶戏仿。

在莱拉·苏埃夫看来，还有一个更私人的因素，让她相信埃及的新政权与之前的历届政府大不相同。

　　莱拉的儿子阿拉曾被塞西上台之前的全部三届埃及政府（穆巴拉克、武装部队最高委员会和穆尔西）逮捕过。2006 年，阿拉因为参加一次呼吁司法独立的示威而入狱四十五天。在武装部队最高委员会统治下，他因"煽动暴力"的罪名入狱两个月。在穆尔西统治下，他的运气好一些，这仅仅因为法官都是穆巴拉克时代的老人，他们都憎恶新总统。阿拉 2013 年 3 月的罪名"煽动冲突"被草草撤销，而他的纵火罪名也得到了一年缓刑的判决。

　　既然阿拉有这样的履历，他被埃及新政权逮捕估计只是时间问题。果然，2013 年 11 月 28 日，他参加一次示威，抗议四天前颁布的禁止示威的法令，结果被以"煽动暴力"的罪名逮捕。这真是奥威尔式的黑色幽默。但在塞西的统治下，莱拉的儿子在司法系统的遭遇会和过去截然不同。

20

马吉德·易卜拉欣

叙利亚

叙利亚内战一个让人眼花缭乱的特点是，各种民兵武装和政府之间，甚或是民兵武装与政府军的一个小小的地方指挥官之间，常常心照不宣地停火，甚至短暂结盟。各种排列组合都可能出现，比如，极端伊斯兰主义者与阿拉维派沙比哈帮派联手。这让试图通过战场的人如履薄冰，因为没有一个人是他表面上看去的那样，任何方向都可能飞来横祸。但奇怪的是，这种私下交易也在很长时间里保全了韦尔区。阿萨德政权在霍姆斯其他地区实行焦土政策，但没有动韦尔。这是因为在任何一个时间点，在韦尔区游走的五花八门的民兵武装里至少有一部分与政府达成了秘密协定。

这种局面于 2013 年 5 月初结束。叙利亚自由军犯了一个弥天大错，在前不久撤到了已经化为瓦砾堆的巴巴阿米尔区，在那里遭到政府军包围和屠杀。逃过政府军封锁线的幸存者奔向韦尔，几乎完全控制了这片飞地。很快，叙利亚政府军的炮弹开始倾泻到马吉德家所在的区。虽然炮击的烈度不能和之前巴巴阿米尔和哈利迪亚的情况相比，但易卜拉欣一家仍然只能躲在他们位于四楼的公寓里，永远不知道哪里是安全的。

"我们永远不知道该怎么办，"马吉德解释道，"是这里更安全，还是避难屋更好？如果避难屋更安全的话，我们能安全走到那里吗？"

尽管局势越来越恶劣，易卜拉欣一家坚持留在霍姆斯，其中的原因看起来很荒诞：马吉德大学快毕业了。他们坚持让他读完大学不是因为尊崇高等教育，而是因为根据叙利亚法律，大学生可免服兵役。马吉德只要还在上学，就不会被征召入伍、投入战争的绞肉机。他的父母决定，等他7月底考完试之后再重新评估局势，决定下一步怎么办。

这种赌博险些导致了灾难。7月5日下午，马吉德在韦尔一条街上与朋友谈话，这时一辆白色旅行车停到他们旁边，三名手持卡拉什尼科夫冲锋枪的叙利亚自由军年轻士兵跳了出来。他们抓住马吉德，把他拖到车上，蒙住他的眼睛，把他带到了他们在附近的基地。

"我起初以为这只是恶作剧，"马吉德说，"但他们知道我叫什么，多大年纪，在大学的专业是什么。他们要的就是我。"

随后几个小时里，抓捕马吉德的人坚持要求他供认自己是政府军的间谍。他说自己是无辜的，于是遭到拳打脚踢。最后他被强迫跪下，一名叙利亚自由军民兵拿着大刀抵住他的咽喉。另一人端着卡拉什尼科夫冲锋枪对准他的脑袋。

马吉德·易卜拉欣，二十岁

"嗯，这是他们处决人的标准做法，"马吉德轻声道，"所以我知道自己死路一条了。他们非常想杀了我。"

但在处决他之前，主审讯官想看一下马吉德的手机。他翻看通讯录和照片，同时不断勒令马吉德交代自己上级的身份。马吉德继续坚持说自己清白无辜，又遭到更多的拳打脚踢。审讯官看到了手机里的一张照片，停了下来。照片上是个年轻男子。

"你为什么有这个人的照片？"他问。

"因为他是我最好的朋友。"马吉德答道。

自由军指挥官缓缓转向俘虏。"我们打电话给他。"这个民兵离开了房间。马吉德跪了很长时间，刀刃抵着他的喉咙，冲锋枪对准他的脑袋。马吉德不知道的是，他最好的朋友是这个自由军指挥官的熟人，那位朋友来到了基地，向民兵担保马吉德·易卜拉欣不是政府军的间谍。指挥官回到审讯室，告诉马吉德他可以走了，这时他才知道了上述情况。

"就是这张照片救了我的命。"马吉德说。

在返回韦尔的车上，自由军指挥官滔滔不绝地劝马吉德从大学退学，拿起武器反抗政府。大学生说他会考虑考虑。

马吉德抵达他之前被捕的地点时，看到父母和朋友都在那里等他。次日，7月6日，易卜拉欣一家去了避难屋，再也没有回到马吉德从小生活的韦尔区。这一天是他的二十一岁生日。

两周后，马吉德参加了大学的毕业考试。霍姆斯越来越深陷战火不可自拔，再加上马吉德前不久险些被叙利亚自由军杀死，于是马吉德的父母决定让易卜拉欣家的三个孩子跟着母亲去大马士革。马吉德的父亲决心留在霍姆斯。

"这时候，我们已经几乎失去了一切，"马吉德回忆道，"我们卖了汽车和大部分家具。但我觉得父亲之所以要留下是心理的因素，他想要保护我们剩下的那一点点东西。"

在大马士革，表面上一切正常，但内战已经打到了第三年，大马士革也开始有点颓唐了。市中心仍然有情侣散步，中央集市仍然人潮如织，但远方不时传来雷鸣般的隆隆声，那是郊区在打仗。

2013年8月末，马吉德还在大马士革的时候，听说叛军控制的古塔区（Ghouta）打了一场大仗，死了几百人。随后几天，更多细节传来。马吉德得知 8 月 21 日古塔死了那么多人不是因为打仗，而是因为遭到化学武器攻击。据说叙利亚政府军动用了化学武器。

刚好一年前，奥巴马总统警告阿萨德政权，如果它胆敢使用化学武器，后果将非常严重。奥巴马在不久前的 2013 年 3 月再次强调了这一警告，重申使用化学武器就跨越了"红线"，将会促使美国改变对叙利亚的不干预政策。古塔袭击的几天后，联合国调查组判断，古塔的约 1400 名死者死于沙林毒气，这些毒气来自已知的叙利亚政府控制的武器库，并且"极有可能"是政府军发射的。

"我们听说此事之后，"马吉德说，"都期望会有大的反响，美国人会干预。"但奇怪的是，大马士革周边的叙利亚政府军并不担忧，而是不以为然。"这很奇怪，仿佛他们知道不会有任何事情发生。"

政府军这么放松是对的。尽管奥巴马总统有权下令发起空中打击，但他在国会民主党与共和党两党的激烈反对之下退缩了。他回避做决定，请求国会批准采取行动。国务卿约翰·克里大受屈辱地奉命去国会山承诺，针对阿萨德政权的任何惩罚性军事行动都会非常有限。那么，美国政府起初为什么还要考虑发动惩罚性打击呢？

最后，阿萨德的盟友俄罗斯帮助奥巴马政府摆脱了更多尴尬。俄罗斯主动提出要监督叙利亚销毁库存的化学武器。如果美国政府觉得这是为美国挽回颜面的妥协，中东地区的人们可不是这么看的。在他们看来，美国的所谓"红线"毫无意义。在中东，美国的敌人因此胆量大增，美国的朋友则愤怒而恐惧。从后来的局势看，这很可能是自入侵伊拉克以来美国在中东地区犯下的最严重的政策错误。

21

胡卢德·扎伊迪

约旦

胡卢德于 2009 年从旧金山返回中东之后一直滞留在约旦。2014 年，她同父亲与两个姐姐（提敏和萨哈尔）一起住在安曼东部某工人阶级社区的一处小公寓里。这是个沉闷的地方，三层的公寓楼没有电梯，俯瞰一条尘土漫天的商业街。姐妹们养了一只猫，名叫"神秘"，还有她们从街上救下的一只小箱龟"亮亮"，这让她们的生活有了一些宽慰。

胡卢德在 2008 年出发去美国之前曾短暂地为一家名叫"无国界儿童"（Kokkyo naki Kodomotachi）的日本慈善机构工作，她于次年返回安曼之后重新到这家机构上班。她的主要工作是帮助为了躲避战争而逃亡到约旦的伊拉克儿童（这样的儿童成千上万）适应新环境。"无国界儿童"的主管对她与孩子打交道的能力颇为赞赏，很快又雇用了她的两个姐姐。大约同一时期，退休的放射科医生和一家之主阿里·扎伊迪在安曼郊外工业区的一家酸奶工厂找到了搬运工的工作。2014 年，一家人至少能勉强度日。

**2008 年 2 月，叙利亚大马士革，
一名年轻的伊拉克难民和她的弟弟**

不过，胡卢德在"无国界儿童"的工作发生了变化。伊拉克战事有所缓和，约旦境内的伊拉克难民数量（峰值为 50 万）减少了很多。但取而代之的是新一批逃离叙利亚战争的难民，起初如涓涓细流，但到 2014 年年底，约旦境内的叙利亚难民已经超过了 60 万。

胡卢德觉得，在某些方面，叙利亚儿童与伊拉克儿童大不相同。"伊拉克人已经厌倦了战争，所以他们很安宁。很容易和他们相处。但叙利亚儿童，尤其是男孩，他们有这种想法：'我们必须回叙利亚打仗。'他们的父亲不断给他们灌输这种思想：'你要当兵，回叙利亚去。'所以叙利亚男孩是小小的反叛者，不是孩子。他们成天思乡心切，说要回去报仇雪恨。"相比之下，伊拉克女孩和叙利亚女孩有更多相同点。"在伊拉克和叙利亚，女孩都被教导要掩饰自己的真情实感。没人倾听她们。所以与她们建立联系特别难，她们的问题是更深层次的。"

胡卢德还没有放弃把家人送出中东的使命。一连好几年，她持续向美国申请避难，但没有进展。2014 年，她对英国抱有极大希望。她在约旦时曾为一家英国电影公司担任译员。她觉得，有了英国前同事的介绍信，也许英国政府会优待她。但她最近了解到一个相当邪恶的"第二十二条军规"①。获得在英国或其他任何国家避难权的几乎唯一的办法是本人亲自到场申请。但要去英国申请，胡卢德就需要先获得英国签证；而要获得英国签证，她就需要获得约旦的合法居留权。"这是不可能的，"她说，"约旦只向富裕的难民授予居留资格，这些富人当然本来就有办法跑到欧洲去。"

不过在 2014 年 4 月，胡卢德还没有完全放弃希望。她的意志无比坚定。在我与她的好几天对话中，她似乎下定决心要保持乐观。她更愿意描述当前的逃亡计划，而不是过去的失败经历。

---

① 第二十二条军规的典故出自美国作家约瑟夫·海勒（Joseph Heller）的同名讽刺小说。故事发生在第二次世界大战末期地中海的一个小岛上，美军的一个飞行大队驻扎在该岛。按照"第二十二条军规"，飞满规定次数（最初为 25 次）的飞行员可以回国，但军规实际上规定，无论何时，必须执行司令官的命令。疯子可以免于飞行，但同时又规定必须由本人提出申请，而如果本人一旦提出申请，便证明他未疯。后来"第二十二条军规"成为英语的成语，代表滥用权力的人用荒唐的规则掩饰自己，或者荒谬的两难境地。

她的坚强外表只有一次动摇，那是在谈起她负责照顾的难民儿童的未来时。

"我坚持做这个工作，因为我希望这些孩子的生活比我好，"她说，"但坦率地讲，我觉得他们的生活会和我一样，被白白浪费。我努力不往这个方向想，但说真的，咱们还是实话实说吧：他们的未来没有多少希望。我的过去九年都被浪费掉了。我的姐姐们和我都有梦想。我们受过教育，我们想上学，我们想有自己的职业。但在约旦，我们没有合法的工作权利，我们也不能离开。我们只能待在这里。就这样。没出路。"

胡卢德往椅背一靠，沮丧地叹了口气。"抱歉。我努力做到永远不要顾影自怜，也不要为了自己的困难责怪别人。但我真的希望美国人到伊拉克之前深思熟虑过。这一切都是他们引起的。没有他们，我们就会过正常生活。"

但对胡卢德和她的姐姐们来说，局势会进一步恶化。胡卢德说，2014年秋季，"无国界儿童"与约旦政府发生了矛盾。约旦政府坚持要求"无国界儿童"的外籍雇员都有合法的工作许可证，而扎伊迪姐妹没有工作许可证。"无国界儿童"赞赏扎伊迪姐妹的工作堪称楷模，但没有办法保住她们。这年12月，扎伊迪三姐妹在同一天被解雇。

22

莱拉·苏埃夫

埃及

2014 年 10 月 27 日，莱拉·苏埃夫和她的长女莫娜登上埃及最高法庭大门前的阶梯，在顶端停住脚步，站在一根石柱旁。莱拉从背包里取出一张小小的硬纸板标语牌。上面写着，她们将会升级从 9 月开始的部分绝食抗议，以声讨他们一家受到的不公正待遇。她们将在那里断断续续地停留四十八小时，不吃不喝。

"我们不是要自杀，"莱拉解释道，"而是让大家注意塞西政权的所作所为。这是我们剩下的唯一武器。"对于绝食抗议的效果，她也很坦诚。"有少数经过我们的行人表示支持，有时他们的表示很隐晦。"

令莱拉更为痛苦的是，此时她的家人正在一个接一个地从她眼前消失。

塞西政权比之前的历届政府都更为敌视反对派。第一个迹象就是阿拉于 2013 年 11 月被捕。他和另外二十四名犯人没有得到假释候审的待遇，而是被关押了四个月。阿拉于 2014 年 3 月获释，但三个月后再次被捕。政府企图打垮他的意志。

塞西上台不到一年的时间里，政府的高压政策越来越凶狠。埃及监狱里的政治犯已经比穆巴拉克统治时期还要多了。如果普通埃及人为之惊恐，那也很少流露出来。这年 5 月的总统大选中，已经正式辞去军职的塞西以超过 96% 的得票率当选。这不能真实体现他受欢迎的程度，因为在大选之前，反对他的政党已经被禁，还有很多人抵制此次大选。但塞西遇到的抵抗确实极其微弱。就连坚决的反对派莱拉·苏埃夫也意识到，这位前将军享有民众的普遍支持。她看到，甚至自己的很多朋友和大学同事也支持塞西。"他们的想法是，好吧，也许他有点粗暴，但他从伊斯兰主义者手里救了我们，"她说，"他们只关心这个，他们只看得见这个。"

在此之前，莱拉最小的女儿，二十二岁的萨娜一直回避家里与法律对抗的传统。但在 2014 年 6 月 21 日，她也投身政治。萨娜对自己的哥哥和埃及的其他政治犯受到的虐待越来越义愤填膺，加入了开罗的一个人权组织。几分钟后，她也被捕了，罪名和她哥哥一样：违反了禁止示威的法律。

尽管塞西政权日渐加紧镇压反对派，像萨娜这样的开罗上层社会成员仍然享有一定程度的豁免权，毕竟国家的主要敌人是穆斯林兄弟会的工人阶级追随者，政府会无情地镇压这些人。但在法官面前，大学生萨娜走出了勇敢的一步。法官建议她保持安静，不要乱说。她却坚持说自己是此次示威活动的主要组织者，并拒绝签署不包括这个细节的声明。莱拉说："她不愿意让他们故伎重演，释放那些有身份、有地位的政治活动家，而狠狠镇压那些不知名的小人物。"为了此次捍卫原则的壮举，萨娜和她的哥哥一样被监禁候审。

埃及著名的人权律师艾哈迈德·赛义夫的客户越来越多，如今包括他自己的儿女。在之前 1 月的一次新闻发布会上，这位曾经的政治犯拿起麦克风，向牢狱中的儿子阿拉发表了雄辩的讲话："我原本希望你能继承的是一个捍卫你权益的民主社会，然而我能给你的是曾经囚禁我、如今囚禁你的牢房。"到 6 月时，他最小的女儿也成为囚徒。

没过多久，莱拉·苏埃夫一家的情况变得更黑暗。艾哈迈德长期身体羸弱，原计划于 8 月底接受开胸手术。8 月 16 日，他突然病倒，陷入昏迷。埃及和国际上一些有影响力的人权组织进行了激烈的游说，塞西政权才允许阿拉和萨娜在这天下午离开监狱去探望父亲，送他最后一程。

"那绝对是最黑暗的一天，"莱拉说，"也许是我整个人生最糟糕的一天。萨娜被关押在警察局，所以我们能见到她，告诉她出了什么事。但阿拉不知道。他来到医院时抱着给艾哈迈德的花，所以我不得不把他带到一边，告诉他，他父亲昏迷了。阿拉说：'那么他根本不知道我在这里？'然后把花扔了。"

去医院的第二天，阿拉开始在牢房里绝食。8 月 28 日，她的父亲葬礼那天，萨娜也开始绝食。一周后，莱拉和莫娜宣布她们会部分绝食。

艾哈迈德刚刚去世，而且他们家很有地位，因此很多人相信法庭会对阿拉和萨娜宽大处理。他们错了。2014 年 10 月 16 日，萨娜因违反禁止示威的法律被判处三年徒刑。次日，莱拉和莫娜走到法院门口的阶梯，开始绝食抗议。阿拉即将于下个月受审。莱拉铭记丈夫说过的一句话，以支撑自己迎接更多的噩耗。

"艾哈迈德曾在法庭度过很多时间，所以知道某些事情意味着什么，"她说，"他对法庭判决的预测总是很准确。他死前，还在代理阿拉的案子的时候，曾对我说：'做好准备吧，他们会判他五年。'"

23

马吉德·易卜拉欣

叙利亚

莱拉开始绝食抗议、胡卢德和姐姐们失去工作的同时，马吉德·易卜拉欣得到了一个喘息之机。虽然它很短暂，但他已经期待很久了。

2013 年年末，易卜拉欣一家从大马士革返回霍姆斯，却发现战火吞没了越来越多的城区，就连他们的避难屋也不安全了。2014 年 3 月，他们一家再次转移，搬到了新阿克拉玛，这是靠近霍姆斯市中心的一个区，之前躲过了最严重的破坏。在那里，他们和其他所有人一样，都在等待事态发生变化。任何变化都行。

5 月，变化终于来了。霍姆斯的最后一批叛军接受了谈判达成的停火，获得安全通行权，离开城市。长达三年的霍姆斯争夺战结束了。曾经繁华而具有浓郁国际色彩的城市如今被称为叙利亚的斯大林格勒，很多城区已经无法居住。直到这时，很多市民曾不得不忍受的苦难才大白于天下。在全面战争的环境里，很多被困的市民活活饿死，还有一些人靠吃树叶和野草才活下来。

　　尽管千疮百孔的霍姆斯街道有了一种安宁，叙利亚其他地方的战事仍在继续，并且战争的新形态对所有叙利亚公民来说都是一种不祥之物。马吉德·易卜拉欣听到了太多新的民兵武装的名字，它们和现有的多如牛毛的武装力量竞争，以至于根本搞不清楚谁是谁。但有一个群体的大胆和残忍特别突出，那就是"伊斯兰国"。

　　它是"基地"组织的一个分支，甚至比"基地"组织更极端，吸引了全世界的伊斯兰极端分子。在叙利亚，"伊斯兰国"在阿勒颇和它东面的若干沙漠城镇发动了一系列突然的残暴袭击，以此宣扬自己的存在。它不仅与叙利亚政府军为敌，还攻击任何被它认为是"叛教者"的民兵武装。最吸引马吉德·易卜拉欣注意的是，"伊斯兰国"以极其残酷无情著称，它用最恐怖的手段消灭任何敢于阻挡它的人。

　　霍姆斯争夺战结束的仅仅一个月后，全世界都将听到"伊斯兰国"的名字。它冲出了叙利亚沙漠，再一次彻底改变了中东战局。

第四部

"伊斯兰国"崛起

2014 ~2015

24

瓦卡兹·哈桑

伊拉克

瓦卡兹·哈桑讲话的声音很响，语调略显平淡，和别人对话时经常请求对方重复。也许他的听力受到了某种未确诊的损害，这也能解释他为什么学习成绩不好。"我记不住上课的内容，"他说，"我尝试学习的时候，总是失败。"

瓦卡兹留级一年之后，干脆退学了。

他十几岁的时候已经像伊拉克成千上万无技能的年轻人一样，住在父母家里，靠在建筑工地打零工（搬砖、切割钢筋、搅拌水泥）勉强谋生。工地上没活儿干的时候，瓦卡兹有时也在他父亲开的小糖果店里帮忙。他父亲是退休的银行职员，在家乡道尔（就在提克里特郊外不远）开了这家店。但是，这种生活贫乏而无趣。

出路倒是有一条。瓦卡兹找工作的能耐一般，但他的大哥，二十六岁的穆罕默德，已经在当地的安全部队当上了情报军官。他这个闲差给哈桑全家带来了很大希望。萨达姆·侯赛因在伊拉克培养起了裙带关系的文化，这种文化在他死后仍然昌盛，所以瓦卡兹有理由期待穆罕默德有朝一日在市政当局攀升到足够高的位置后，把他的三个弟弟，包括瓦卡兹，也安排到安全部队。但在 2014 年 6 月，伊拉克的逊尼派腹地即将爆发一系列灾难，这很快会大幅度改变道尔的十九岁建筑业临时工瓦卡兹的命运。

这年年初，"伊斯兰国"武装人员夺取了伊拉克安巴尔省的交通枢纽城市费卢杰，然后向四周扩张，占领了附近的一系列城镇。当时瓦卡兹对"伊斯兰国"知之甚少，只知道它的目标是在伊拉克和叙利亚的逊尼派地区建立一个伊斯兰教哈里发国。但在随后几个月里，瓦卡兹和提克里特的其他大多数年轻男子一样，看到了"伊斯兰国"制作并在社交媒体传播的招兵买马的宣传视频。这些视频里，武装分子（"伊斯兰国"称其为"骑士"）身穿显得精神抖擞的制服，头戴黑色滑雪面罩，驾驶崭新的丰田陆地巡洋舰，春风得意地驶过他们征服的城镇，车上的黑色大旗迎风招展。还有一些视频展现的是"伊斯兰国"的黑暗一面：处决，将人钉死在十字架上。但瓦卡兹说从来没看过杀人的视频。不管怎么说，这个羽翼初生的哈里发国距离昏昏欲睡、经济落后的道尔似乎还是太遥远了。

但到这年 6 月，"伊斯兰国"已经不再遥远。6 月 6 日，一群"伊斯兰国"武装人员来到伊拉克北部最大城市摩苏尔的西郊。这里距离提克里特只有 140 英里，两地之间由 1 号公路连通。虽然据估计参加攻打摩苏尔的"伊斯兰国"武装人员只有 1500 人，并且根据某些记述，数字可能比这少得多，但仅仅几天内，他们就将这座 200 万人口的大城市里的伊拉克军队和安全部队打得落花流水。到 6 月 9 日时，提克里特周围的 1 号公路绕行道路已经成为成千上万伊拉克士兵抱头鼠窜的混乱现场，其中很多人脱掉军服，拼命逃往南面 100 英里处的巴格达。但"伊斯兰国"的征服还没结束。拿下摩苏尔之后，他们又快速向拜伊吉进军，这座拥有炼油厂的小镇位于提克里特以北 40 英里处。6 月 11 日，他们攻入了提克里特。

在提克里特，就像在摩苏尔和拜伊吉一样，伊拉克军队几乎毫无抵抗，各支部队争先恐后地逃跑，一路丢盔弃甲，把武器装备都留给了敌人。虽然军队逃命了，但当地居民很少能逃走。留在当地的人里就有瓦卡兹和他的哥哥穆罕默德。

"伊斯兰国"在 2014 年 6 月的攻势是现代史上最惊人的军事业绩之一。在不到一周时间里，这支只有轻武器的游击队，顶多只有 5000 人，却把一支兵力至少是它 20 倍并且装备精良的现代化军队打得落荒而逃，还缴获了价值数十亿美元的先进武器和军事装备，如今控制着约有 500 万居民的人口中心。伊拉克军队的惨败无疑有很多原因（无能和腐败肯定在其中发挥了重要作用），其中大部分可以追溯到近期。

在总理努里·卡迈勒·马利基的八年治理下，伊拉克的宗教多数派什叶派主宰了全国政府的方方面面，包括军队，并向逊尼派炫耀起了自己新近获得的强势地位。对逊尼派腹地（包括拜伊吉和提克里特）的很多居民来说，什叶派的耀武扬威让他们深深鄙视中央政府和它的军队，视其为占领军。当然，被什叶派主宰的军队也很清楚当地人对他们的蔑视，所以对当地人非常不信任，以至于刚刚看到出事的迹象（这一次是少量逊尼派圣战者冲进城里，发誓要报复）就草木皆兵，害怕发生针对他们的大规模叛乱，于是脚底抹油，逃跑了。

但政府军害怕不是没有道理，因为"伊斯兰国"非常狡猾地预先在那些城镇安插了卧底，他们的任务是在两军交锋时里应外合，另外还要招募新人。在道尔，被招募的人里包括瓦卡兹·哈桑。

据瓦卡兹说，他于 2014 年 6 月 10 日加入了"伊斯兰国"，那时这支游击队已经开始在提克里特地区活跃，但整整一天之后才开始真正发动攻击。瓦卡兹说，拉他入伙的不是别人，正是他哥哥，二十六岁、受过美式训练、受雇于伊拉克政府的情报军官穆罕默德。"我不是为了宗教，"瓦卡兹坚持说，"也不是因为我对这个群体有什么情感上的联系。那时我其实不知道他们战斗的目标是什么。仅仅因为穆罕默德说我们应当加入。"

瓦卡兹对金钱的因素避而不谈。到 2014 年夏季时，"伊斯兰国"控制了叙利亚东部的产油区，所以手头非常阔绰，即便是没有受过军事训练的新兵，只要报名就可以领到每个月 400 美元的军饷。这比十九岁的瓦卡兹在建筑工地打零工挣的钱多出太多了。当然，"伊斯兰国"现在还控制了拜伊吉炼油厂，所以钱财更是滚滚而来。

穆罕默德和瓦卡兹主动报名参加"伊斯兰国",并协助了 6 月 11 日攻占提克里特的战斗。"伊斯兰国" 6 月间犯下累累暴行,在其中最恐怖的一起事件里,兄弟俩至少扮演了配角。

提克里特以北不远处有一座伊拉克政府军的大型军事训练基地,仍然用美国人给它取的名字:斯派克军营(Camp Speicher)。"伊斯兰国"武装逼近的时候,有成千上万的学员在这里受训。和其他地方的伊拉克军人一样,驻扎在斯派克的正规军部队和高级指挥官听到"伊斯兰国"逼近的消息立刻抱头鼠窜,把学员抛在脑后。6 月 12 日,"伊斯兰国"武装人员将这里的学员聚拢起来,瓦卡兹参与了这次行动,但坚持说自己没有参加随后的屠杀。

"伊斯兰国"枪手将学员分成逊尼派和什叶派两群,随后将数百名什叶派学员押解到提克里特周边的不同地点,用机枪将其屠杀。"伊斯兰国"的摄影师尽职尽责地拍摄了整个屠杀,并将视频上传到网上。一般来讲,军队或者游击队会努力否认自己的战争罪行,或将其轻描淡写,但"伊斯兰国"不是这样。外界观察者估计这一天在提克里特有 800 名学员遇害,而"伊斯兰国"的发言人吹嘘道,他们杀的人比这多多了。(最终的死亡数字不详,但估计可能多达 1700 人。)

斯派克军营大屠杀之后,瓦卡兹与"伊斯兰国"签订了一年的合同。"伊斯兰国"虽然是恐怖组织,但官僚机构组织得很像模像样，这令人惊讶。瓦卡兹和一大群新兵一起乘车通过 1 号公路，来到摩苏尔城外的一处"伊斯兰国"营地。在那里，他学会了世界各地的新兵都要学习的基本技能：障碍越野，各种武器拆解和射击，步兵班级别的战术操练（以维持战场上的凝聚力）。但没过多久，他的训练就变得更血腥。

6 月底的一天上午，瓦卡兹被一名高级指挥官从兵营叫走。指挥官命令少年跟着他走，把他带到营地边缘的一片开阔地。过了一会儿，又有两人走来，其中之一是"伊斯兰国"武装分子，另一人是平民，估计三十几岁。平民被蒙着眼，双手被捆在背后，在哭泣。"伊斯兰国"武装分子粗暴地强迫平民跪下，指挥官递给瓦卡兹一支手枪。来自道尔的建筑工人知道长官要他做什么。

"他们教我怎么做，"瓦卡兹说，"把枪往下指。不要射击头部的正中央，而是偏一点。"

在训练场上，瓦卡兹认认真真地执行了他的第一次处决任务。随后几周里，他又被叫去五次，杀死了五个蒙着眼睛、戴着手铐的男子。"我对这些人一无所知，"他说，"估计他们的年龄在三十五岁到七十岁之间。在那第一个人之后，只有一个人哭。这后面五个人，我估计他们不知道自己会被处决。"

瓦卡兹描述这一切的时候没有任何明显的情感流露，甚至演示了处决的正确方法。但随后，仿佛意识到自己的叙述多么冷血，他耸了耸肩。

**2015 年 12 月，瓦卡兹·哈桑演示"伊斯兰国"
军训教官教他的处决人的方法**

"我很难过，"他说，"但我没得选择。我们到了摩苏尔之后
就没办法离开了。而且，这是'伊斯兰国'，你不服从，他们就
把你也杀了。"

25

阿扎尔·米尔汗

库尔德斯坦

2015 年 5 月，我和阿扎尔·米尔汗医生全副武装地开车进入伊拉克北部。其间，他谈到了自己的父亲。阿扎尔的父亲是 1974 年反抗伊拉克政府的库尔德起义的领导人之一，后来带着家人翻山越岭流亡到伊朗。因为赫索·米尔汗在佩什梅格很有地位，而且伊朗政府对自己境内的库尔德人也很忌惮，所以米尔汗一家起初被强迫住在伊朗中部一座没有库尔德人的城市。1980 年两伊战争爆发后，限制被取消，霍梅尼政权突然觉得生活在伊朗的伊拉克库尔德流亡者有利用价值。赫索·米尔汗带着人丁兴旺的家庭（最终共有十个儿子、四个女儿）搬迁到伊朗境内的库尔德斯坦地区，重新开始领导佩什梅格以及越境袭击行动。1983 年 4 月，他在伊拉克北部的一次伏击中丧生。

"我其实对他记不太清了，因为他死的时候我只有八岁，"阿扎尔说，"我最深刻的记忆是，经常有佩什梅格的指挥官来我们家，找我父亲开会。"

　　差不多三十年里，赫索的遗骨就散落在库尔德斯坦山区的某地。几年前，阿扎尔和他的兄弟开始寻找父亲的遗骨，一连找了好几个月。他们寻访村民和赫索的老战友，最后终于在一条偏僻的沟壑里找到了父亲的遗骨。

　　"我们把父亲的遗骨带回我们村，给了他一场英雄的葬礼，"阿扎尔说，"连巴尔扎尼都来了。"这里说的巴尔扎尼是库尔德斯坦地区政府的领导人马苏德·巴尔扎尼。

　　医生谈到二哥阿里的时候更哀痛。阿里是十四个兄弟姐妹里第一个追随赫索进入佩什梅格领导层的。"阿里的死不仅对我们家，对整个库尔德斯坦都是悲剧，"阿扎尔说，"他是与生俱来的领袖，魅力十足，才华横溢。好吧，他是我哥。不过我相信，如果他还活着，我们的状态会大不相同。很多认识他的人都这么对我说过。"

　　阿扎尔告诉我这些故事也许部分是为了解释，我们这一天的目的地，伊拉克一个叫冈德西巴的小村庄，为什么至今仍然让他心痛。他原本在库尔德斯坦地区政府的首府埃尔比勒的医院工作，现在请了长假，集中精力来应对前一年"伊斯兰国"入侵造成的危机。他为自己确定的职责是定期巡视佩什梅格前线，并向指挥官们献计献策。似乎库尔德斯坦地区政府的所有人都知道米尔汗这个姓氏。所以幸运的是，拥有这个姓氏的人一自报家门便会得到尊重。

　　随着我们的交谈深入，我渐渐认识到，阿扎尔为自己包揽的使命远远不止对抗"伊斯兰国"的威胁。他觉得库尔德斯坦地区政府目前的状态是一个千载难逢的良机，有利于建立真正的库尔德人国家。要达成这个目标，不仅要打败"伊斯兰国"狂热分子，还要一劳永逸地把库尔德人的传统敌人阿拉伯人从库尔德土地驱赶出去。"一千四百年里，他们一直发誓赌咒要消灭我们，"他说，"我们什么时候能把他们的话当真？"阿扎尔觉得，这个时刻已经到了。在他看来（库尔德斯坦地区政府的很多人也是这么看的），头等大事是铲除伊拉克国家在库尔德斯坦的残余势力，然后取消萨达姆·侯赛因发起的阿拉伯人与库尔德人的整合。阿扎尔不会说阿拉伯语，也只去过巴格达一次，这两点都让他自豪。

但时间紧迫。大约在旅程的中点，我们经过了一座其貌不扬的村庄，这时阿扎尔减缓车速，鄙夷地咬咬牙。在我看来，这个村庄与我们经过的上百个其他村庄没什么区别，但在阿扎尔眼里它显然不一样。

"我们的问题就在这里。四十年前，这个村子里几乎全都是库尔德人，可能有一两家阿拉伯人。但现在阿拉伯人已经几乎完全接管了这个村庄，因为他们人口增长得特别快。所以我总是告诉库尔德人，永远不要把你的土地卖给阿拉伯人。再穷也不能卖地给他们。应当有这样的立法。"

医生如此严厉，部分是因为他觉得库尔德人在面对四面八方的危险时过于自负，部分是因为他于 2014 年 8 月 3 日在冈德西巴目睹了一场悲剧。

库尔德斯坦地区政府自 1992 年组建以来的二十二年里，是中东地区相对来讲比较稳定和安宁的绿洲，它与巴格达的联系仅仅是理论上的。美国入侵伊拉克期间，库尔德斯坦地区政府的独立性体现得最为明显。它公开支持美国，为其提供后方基地和机场，协助美军作战；当地官员喜欢指出，在伊拉克战争期间，没有一名联军士兵在库尔德斯坦地区政府的控制区死亡。美国从伊拉克撤军之后伊拉克逐步瓦解期间，库尔德斯坦地区政府控制区也仍然保持安定，它也越来越不愿意哪怕仅仅表面上服从巴格达。对库尔德斯坦地区政府的善良公民来说，他们的山区飞地似乎找到了办法，避开周围肆虐的旋涡。米尔汗那样的战士家族的时代也许要成为传说了。然而在 2014 年 6 月，幻想破灭，"伊斯兰国"武装人员闪电般攻入了伊拉克中部。

阿扎尔解释道："我从来没有信任过阿拉伯人，但奇怪的是，我相信达伊沙的话。"达伊沙是一种常见的、略带贬义的对"伊斯兰国"的称呼。"过去阿拉伯人总是撒谎：'哦，你们库尔德人不必害怕我们。'然后他们攻击我们。但达伊沙清清楚楚地表达自己的主张。他们想把世界的这个部分恢复成哈里发国。他们想要消灭所有的异类：基督徒、库尔德人和什叶派。他们对自己的宗旨完全开诚布公。他们的 6 月攻势之后，我丝毫不怀疑，我们就是他们的下一个目标。"医生甚至指出了"伊斯兰国"下

**2015 年，阿扎尔·米尔汗，四十一岁，
查看辛贾尔郊外"伊斯兰国"屠杀现场**

一个具体的攻击目标。"只要看看地图，傻瓜都知道。他们的下
一个目标是雅兹迪人。在辛贾尔。"

雅兹迪人是库尔德人的一个宗教少数派，"伊斯兰国"早就
辱骂他们是"恶魔崇拜者"，发誓要消灭他们。雅兹迪人的家园
辛贾尔山位于伊拉克最西北角，在库尔德斯坦地区政府的正式控
制区之外，这让他们尤其脆弱。更糟糕的是，只要瞥一眼地图就
会发现，在"伊斯兰国"于这年 6 月占领摩苏尔之后，库尔德
斯坦地区政府控制区与辛贾尔的雅兹迪库尔德人之间唯一的陆路
联系就只剩下一条遍布车辙的乡村小道。

在"伊斯兰国"6 月攻势之后的几周，阿扎尔运用自己姓氏

的影响力，迫使他的民政与军事同僚聚在一起开会。在每一次会议上，他都警示"伊斯兰国"即将攻击雅兹迪人。"没人把我说的当回事，"他回忆道，"我的同僚们说，不对，'伊斯兰国'的目标是巴格达的什叶派。他们为什么要到这儿来？那些人就是看不清局势。"

2014 年 8 月 1 日，"伊斯兰国"游击队攻击了位于祖马尔的一个孤立无援的佩什梅格外围据点。祖马尔距离通往辛贾尔的最后一条道路仅 10 英里。库尔德政府仍然没有采取行动的意思，阿扎尔·米尔汗绝望之下带领他的五六个在佩什梅格的朋友，一起向西狂奔而去。

"我们最远就走到这里，"阿扎尔说，"就是这里。"

我们站在冈德西巴的路边，在底格里斯河以西几英里处，距离辛贾尔还有大约 40 英里。"我们走到这里的时候已经天黑了，我们在这里开始遇见从辛贾尔逃来的佩什梅格战士，他们背后还有雅兹迪难民。我们没办法继续前进，因为路上严重堵塞，所有人都在仓皇逃跑。我们在这里设置了防御阵地，让一些佩什梅格战士和我们一起留下坚守。但我们只能走这么远了，"他点燃一支香烟，吐出烟团道，"我们来晚了一天。"

那一天，8 月 3 日，"伊斯兰国"在辛贾尔大开杀戒，至少屠杀了 5000 名雅兹迪人。

他们还搜捕了数千妇女与姑娘，强迫她们当性奴。还有数万雅兹迪人拼命攀登辛贾尔山，企图躲避屠杀。阿扎尔·米尔汗从源源不断逃往冈德西巴的幸存者那惊恐的面容和他们的痛苦讲述中得知了大致情况。

但阿扎尔没有时间去详细了解正在辛贾尔发生的悲剧，更没有时间去援救辛贾尔。仅仅两天后，"伊斯兰国"开始了第二轮攻势，这一次直接攻打库尔德斯坦地区政府的首府埃尔比勒。医生从冈德西巴转身，火速南下，直奔前线。

26

马吉德·易卜拉欣

叙利亚

2014 年的大部分时间里，易卜拉欣一家待在位于霍姆斯中部的新家，相对安全。这年 5 月起全城停火，大部分新的战斗都发生在远郊。出人意料的是，停火之后，马吉德的父亲工作的萨菲尔酒店重新开业。从 9 月开始，马吉德在酒店担任前台接待员。"停火之后，一切都好了起来，"马吉德回忆道，"我不能说恢复正常了，因为此时城市的很大一部分已经被毁掉，但可以感觉到城市在恢复元气。"

2014 年 10 月 1 日上午，这种平静被打破了。马吉德正在萨菲尔酒店上班，这时母亲用手机打来惊慌失措的电话。马吉德十一岁的弟弟阿里所在的阿克拉玛·马赫佐梅赫（Akrama al-Makhzomeh）学校发生爆炸，据说有多人伤亡。

母亲匆匆赶往现场，但马吉德还有九十分钟才能离开岗位。他回忆起终于抵达现场之后看到的景象，这让常年乐呵呵的马吉德一下子沉寂了。他悲哀地、心不在焉地凝视着远方。

"我永远想不到会有这样的事情，"他说，"这像一场噩梦，最恐怖的噩梦。血流成河，到处是儿童尸体的残肢，到处都是，人们在残尸当中走路，踩在肉块上……"他短暂地闭上眼睛，努力控制自己的呼吸。"我永远忘不了这样的景象。"

但马吉德在得知了具体细节之后，才真正体会到此次袭击是多么野蛮。第一次爆炸是汽车炸弹，爆炸之后，学生家长和救援人员拥进学校，这时一名自杀式炸弹袭击者试图冲入校园，从而杀死更多人。一名警觉的保安阻止他进入，他就在学校门口引爆了炸弹。马吉德的母亲抵达爆炸现场时，发现阿里和一群吓坏了的同学躲在学校的角落里。

阿克拉玛·马赫佐梅赫学校的两次爆炸袭击杀死了至少45人，包括41名儿童。这再次提醒人们（霍姆斯市民难道需要这样的提醒吗？），在新的叙利亚，没有一个地方是真正安全的，任何地方都可能成为凶手的杀戮场。此后，易卜拉欣一家和新阿克拉玛区的几乎所有居民一样，大部分时间待在室内，只有绝对必需的时候才出门。

27

瓦卡兹·哈桑

伊拉克

瓦卡兹·哈桑在摩苏尔的"伊斯兰国"营地完成了三个月
的基本训练之后，被送回家乡道尔。他说自己在那里的主要职责
是守卫"伊斯兰国"的检查站。2015 年年初，他被分配到产油
小镇拜伊吉。伊拉克军队和什叶派民兵的联军正在努力夺回这里
的炼油厂。根据瓦卡兹的讲述，他在拜伊吉的主要阵地在第二道
防线上，他负责监视庞大的炼油厂的一个地段，提防敌人接近。
这段经历让他对伊拉克军队的战斗力颇为鄙夷。

"什叶派（民兵）更勇敢，因为他们恨我们，想要报仇，"
他解释道，"政府军士兵一塌糊涂。很多政府军士兵，都是逊尼
派，跑来向我们投降。"

在拜伊吉，瓦卡兹第一次遇见了外国武装人员。有不少外国
人响应"伊斯兰国"的号召，赶来中东参战。很多叙利亚和伊
拉克武装人员非常怨恨这些外国人，因为外国人享有更好的住房
条件和口粮，并且常常优先获得性奴（当然是在"伊斯兰国"
领导层挑完之后）。但瓦卡兹并不讨厌这些外国人。"他们绝大

多数非常虔诚，真正研读过《古兰经》，"他说，"而且他们是来当烈士的。他们在等待召唤［去执行自杀式袭击］，所以我觉得他们比其他人多享乐是应当的。"

瓦卡兹无法直接和大多数外国武装人员交流。他回忆道，在拜伊吉的大部分外国人来自原来苏联的几个伊斯兰共和国，不会说阿拉伯语。但他们笃信宗教，所以他觉得和他们很亲近。"我对《古兰经》不熟，但看到有人愿意为了它而死，这让我感受到了它的力量。"

我问，他自己是否考虑过当烈士。瓦卡兹摇摇头，然后又耸耸肩。"不管怎么说，这都是不可能发生的。我没有念过书，我不懂《古兰经》，所以他们不会选我。"

28

阿扎尔·米尔汗

库尔德斯坦

"我喜欢和达伊沙打仗,"阿扎尔说,"他们其实很聪明。这有点像玩游戏。"

2015 年 5 月,我们在埃尔比勒西南约 40 英里处的佩什梅格火力点。这个地方叫格威尔 – 迈赫穆尔前线（Gwer-Makhmour front）。这个火力点位于距离底格里斯河约 3 英里的一道山岭上,包括一系列匆匆构筑的护堤和掩体。"伊斯兰国"控制着这个火力点下方的洼地。阿扎尔已经在这条战线上经历过"伊斯兰国"的好几次进攻。

"他们首先派人肉炸弹驾驶悍马车冲过来。我们得迅速消灭他们,必须直接命中才行。如果没有把他们消灭在山坡上,他们就会在护墙上炸出大窟窿。爆炸的力量非常强。然后他们派步兵趁乱冲上来,随后跟着狙击手。这一切都非常快:都是静悄悄的,然后他们突然间就漫山遍野都是了。我们必须保持冷静,选定目标,因为如果我们慌张,就完蛋了。伊拉克政府军的问题就是这个,他们太容易惊慌失措。"

阿扎尔很少惊慌。他带我走到火力点的护墙前，双肘撑在沙袋上，用双筒望远镜观察山下大约七八百码之外一座被"伊斯兰国"控制的村庄。那里一切平静，只有两面很显眼的"伊斯兰国"黑白旗帜在微风中飘荡。

护墙下一名士兵发出警报：一个钟头以前发现那个村里有一名"伊斯兰国"狙击手，阿扎尔目前的姿态很容易成为狙击手的靶子。医生恼火地瞪了那士兵一眼，继续观察。

2014 年 8 月初，就是在这个地段，"伊斯兰国"发动了攻势，企图拿下库尔德斯坦地区政府的首府埃尔比勒。阿扎尔在援救辛贾尔失败之后就来到了这个战场。

阿扎尔的哥哥，四十四岁的阿拉兹恰好是库尔德斯坦地区政府在这个地段，即 6 号阵地的佩什梅格部队的副指挥官。于是阿扎尔立刻开始和哥哥并肩作战。但不止有阿拉兹。阿扎尔的大多数兄弟早就流亡海外，在美国和欧洲当上了医生和工程师，但米尔汗家族毕竟是尚武的名门，所以兄弟们大多搁置了自己的生意和医疗事业，火速赶回库尔德斯坦地区政府控制区，拿起武器。这年夏天的一个时期，米尔汗五兄弟和阿扎尔的一个侄子在 6 号阵地并肩战斗。

"'伊斯兰国'没有趁机用迫击炮轰我们，这真是好事，"阿扎尔开玩笑道，"否则我们的母亲会伤心的。"

但战斗中还是出了事，影响到了阿扎尔。"伊斯兰国"的攻势在抵达距离埃尔比勒仅 15 英里处时，停顿下来，然后被佩什

2015 年 6 月，阿扎尔·米尔汗在辛贾尔前线

梅格的激烈反击打退。在 8 月 20 日的反击中，一名"伊斯兰国"狙击手打碎了阿扎尔的右手。随后一连几周，大家担心他这只手可能保不住了，但外科手术和理疗帮助他的右手恢复了部分功能。不过在 2015 年 5 月，也就是负伤的九个月之后，医生只能用左手握手，并且每天要花好几个小时舒展和弯曲右手的手指。

"重要的是，我现在又能用枪了，"阿扎尔说，"虽技术不像以前那样好，但也差不多。"

库尔德人坚定不移地致力于建立自己的国家，所以库尔德斯坦地区政府不容忍"伊斯兰国"占领他们的任何领土，这不足为奇。正如美军为了收回己方的死者遗体愿意承受更多伤亡，佩什梅格也愿意为了尽快收复库尔德土地而蒙受损失。

在 6 号阵地的后方基地和指挥中心"黑虎营地"（Black Tiger Camp），战线的总指挥希尔万·巴尔扎尼能指着自己办公室墙上的巨幅彩色前线地图，随口说出一连串非常具体的统计数字。"我刚到这里的时候，"他说，"达伊沙距离这里已经只有 3 公里。现在我们向西挺进了 23 公里，向南前进了 34 公里。在我的战区，我军收复了 1100 平方公里，但还有大约 214 平方公里在敌人手里。"

巴尔扎尼说，到 2015 年 5 月时，已有将近 120 名佩什梅格战士在 6 号阵地牺牲，"伊斯兰国"最大的突破也就是在这个地段。有意思的是，库尔德指挥官在收复失地时愿意承受很多伤亡，但如果争夺的不是库尔德人土地，他们就不愿意冒险。例如，阿扎尔在前沿火力点用双筒望远镜观察的那座被"伊斯兰国"控制的村庄的居民是阿拉伯人，不是库尔德人。

"所以即便它在库尔德斯坦地区政府控制区内，也不值得为了它而牺牲生命，"他解释道，"除非我们做好了准备要发动更大的攻势。"

但这轮攻势何时发动，取决于国家地缘政治，以及华盛顿、布鲁塞尔和巴格达的决策。伊拉克军队在过去的表现实在太差，美国和欧洲的很多政治家和外交政策顾问又不愿意投入大批西方军队，所以他们呼吁委托该地区唯一证明了自己实力的武装力量——佩什梅格，去领导消灭"伊斯兰国"的战争。但不清楚西方国家的这些人有没有和库尔德人认真讨论过这个想法。

"你知道，美国人来了这里，他们想谈谈收复摩苏尔，"希尔万·巴尔扎尼说，"但他们不肯动用美国军队。那么用伊拉克军队吗？也不行，因为他们是窝囊废。那么让库尔德人去打仗吧。但我们要摩苏尔干什么？它不在库尔德斯坦，它在伊拉克。我们为什么要为了伊拉克而损失自己人？"

库尔德人之所以不愿意伸出援手，一方面是因为他们传统的对巴格达政权的敌视，另一方面是2014年伊拉克军队的崩溃给库尔德斯坦地区政府带来了灾难。伊拉克军队丢弃了大量美国提供的重武器和车辆（他们连摧毁这些装备以免落入敌手的脑子都没有），这让"伊斯兰国"几乎一夜之间从游击队变成了中东装备最精良的军队之一。库尔德人为此付出了惨重代价。火上浇油的是，根据美国政府此前与伊拉克政府的协议，即便在2015年中期，库尔德斯坦地区政府在对抗"伊斯兰国"期间需要的所有武器，也要先从巴格达中转。

"为什么？"希尔万·巴尔扎尼辛辣地问，"让巴格达把更多武器送给达伊沙吗？"

到这年5月，美国人仍然在努力促成可行的协议。美国近期向库尔德斯坦地区政府控制区部署了一些空军观察组，所以针对"伊斯兰国"目标的空袭的反应时间大大缩短了，但在佩什梅格和伊拉克军队之间促成谅解的努力还没什么进展。在巴尔扎尼位于格威尔的黑虎营地附近还有一座较小的基地，伊拉克士兵在那里接受美国人的训练。"我祈祷早一天不用看到它。"巴尔扎尼指着那座基地上空的伊拉克旗帜如此说道。

但黑虎营地也揭示了库尔德斯坦地区政府的另一面。该政府的大多数官员，不管是文官还是军官，都对这一面轻描淡写，或者避而不谈。在库尔德斯坦地区政府存续期间（甚至在它组建之前），它就分成两个互相争斗的阵营。这种分裂曾在 20 世纪 90 年代导致公开的内战。表面上看，这是两个主要政党，库尔德民主党（Kurdistan Democratic Party，KDP）和库尔德斯坦爱国联盟（Patriotic Union of Kurdistan，PUK）之间的政治斗争。但实际上是两个大的部落群体，巴尔扎尼部族和塔拉巴尼部族之间的斗争。库尔德斯坦地区政府控制区的北部完全被巴尔扎尼部族主宰，他们和他们的部落盟友，包括米尔汗家族，几乎全都是库尔德民主党的成员。库尔德斯坦地区政府控制区的南部则被塔拉巴尼部族控制，该部族和他们的部落盟友则都在库尔德斯坦爱国联盟的大旗下。

从黑虎营地也能看出这种封建色彩浓厚的结构。在该营地的所有佩什梅格战士，以及 6 号阵地全部 75 公里前线上的所有佩什梅格战士，都是巴尔扎尼部族的人。他们的红白两色部落围巾标明了这一点。在库尔德斯坦地区政府控制区南部的塔拉巴尼战区，佩什梅格战士的围巾是黑白两色的。

另外，希尔万·巴尔扎尼之所以成为 6 号阵地的指挥官，不是因为他有什么军事才华（他在战前是一家手机网络服务运营商的老总，富可敌国），而是因为他是库尔德斯坦地区政府领导人马苏德·巴尔扎尼的侄子，而马苏德是传奇的库尔德军阀穆斯塔法·巴尔扎尼的儿子。这能解释希尔万为什么在我这样一个外国记者面前如此直言不讳：他本人也是巴尔扎尼部族的重要成员，库尔德斯坦地区政府中那些虽然更懂得克制但名望较低的政治家没办法让他闭嘴。

两派的长期分裂导致了一些悲剧性后果。在"伊斯兰国"攻入库尔德斯坦地区政府控制区的最初日子里，佩什梅格的战斗表现很差。尽管他们想把责任全推到崩溃的伊拉克军队身上，一个极其重要的原因是，实际上有两支独立的佩什梅格军队，它们之间几乎没有什么协调配合。"伊斯兰国"利用这一点，差一点就攻克了库尔德斯坦地区政府的首府埃尔比勒；并利用对方的分裂，开始了针对雅兹迪人的灭绝战。

我在库尔德斯坦地区政府控制区与他们谈到雅兹迪人命运的时候，经常感受到他们的内疚，甚至羞耻。不过，阿扎尔·米尔汗的羞耻感最强。部分原因也许是他曾在关键时刻试图援救雅兹迪人但与机会失之交臂。但在哲学层面上，他也觉得库尔德人背叛了自己的历史。

"可以说，在很多方面，雅兹迪人是最纯净的库尔德人，"他解释道，"他们的宗教就是库尔德人曾经全体信仰的宗教，而不是如今什叶派或逊尼派的。所有人都在改变，但雅兹迪人坚守自己的信仰。"

除了巡视前线之外，阿扎尔还花了很多时间待在库尔德斯坦地区政府控制区北部的雅兹迪人难民营，常与一位名叫倪马姆·加福里（Nemam Ghafouri）的瑞典籍库尔德医生一起工作。这些难民营中有的是较小的独立慈善机构经营的，有的是大型国际救援组织管理的。2014 年 8 月逃离"伊斯兰国"攻势的成千上万的雅兹迪人暂居于此。我在 2015 年 5 月访问这里时，有几十名近期逃离"伊斯兰国"控制或被赎回的难民也来到了这里。我这么多年来在全世界采访过不计其数的战争与暴行幸存者，但还是觉得这些死里逃生的人的故事特别令人毛骨悚然。我过了一段时间才意识到，这恰恰是因为他们有很多话没有说出口，我需要自己揣测他们经历的恐怖折磨。

"伊斯兰国"把强奸和掳掠性奴当作一种战争武器来摧毁雅兹迪社会的结构。现在这些妇女和姑娘回来了，保守的雅兹迪荣誉观不容许她们谈论自己的经历。在加福里陪同下，我见到一个十岁女孩，她的家庭在前一周筹集了 1500 美金（相当于她家好几辈子的积蓄）赎回了她的自由。她坚持说"伊斯兰国"的人只是让她洗衣服，从没有碰过她。她的家人也下定决心要相信这种说法。我还遇到了两个十几岁的少女，她们被"伊斯兰国"囚禁了一个月，现在和一个亲戚一起逃了出来。我估计那个亲戚是她们的母亲，她看上去可能有四十五岁，但是饱经风霜的那种：两颊深陷，缺好几颗牙齿，头发灰白。她被囚禁了八个月。但这个女人不是她们的母亲，而是姐姐，并且她只有二十四岁。

据她的描述，她假装自己是聋人，"伊斯兰国"认为这是精神疾病的标志，所以没有侵犯她。

不管这个姐姐说的故事是真是假，我都觉得两个妹妹的行为更令人困惑。她俩都很漂亮，在被囚禁的一个月里肯定是"伊斯兰国"优先考虑的性奴，但她俩似乎没受到什么影响，都精神抖擞、心情轻松。我们离开她们之后，我问加福里这是怎么回事。

"她们可能没有被强奸，"她解释道，"辛贾尔陷落的最初几周里，达伊沙控制了很多年轻的雅兹迪妇女和女孩，所以他们有很多选择。他们先强奸那些白皮肤的，有金发或蓝眼睛的。这两个女孩虽然漂亮，但皮肤较黑，所以起初是安全的。"

加福里解释说，她现在的使命是找借口单独与那个十岁女孩和二十四岁的姐姐谈谈。赢得她们的信任后，她会给她们做体检。如果她们曾被强奸，加福里就会通知她们的家人，她们有某种感染，需要到一家特殊医院治疗一周，家人不能探视。

"然后我们会把她们送到埃尔比勒，"她说，"做处女膜修复，这是一种很简单的小手术，出来之后她们就仍然是处女了。那样她们就可以得到社会的接受，有朝一日能嫁人。当然，这意味着她们永远不能谈起过去的事情，必须永远把它藏在内心。但现在，也只能把这算作圆满结局了。"

听到这样的证言，米尔汗更加坚定地相信，库尔德人要想得到安全，必须得有自己的国家。在他看来，"伊斯兰国"只不过是众多与库尔德人不共戴天的阿拉伯敌人当中最新的一个。"如果是第一次出这种事情，你也许可以说：'哦，是那群该死的恐怖分子干的。'但在我们的整个历史上，我们一直遭受这样的折磨。我可以向你打包票，等我们收复辛贾尔之后，我们去了那里会发现阿拉伯人留在'伊斯兰国'那边。好吧，我们这里的军营里也有阿拉伯人，但更多阿拉伯人在'伊斯兰国'那边。所以我说，我们的敌人不仅仅是'伊斯兰国'；是全体阿拉伯人。"

29

瓦卡兹·哈桑

伊拉克

2015 年 6 月初，瓦卡兹与"伊斯兰国"的一年合同快到期了。他重新审视了自己的人生。这个年轻人此时仍然在拜伊吉炼油厂的战线上。他当然可以和"伊斯兰国"续约，但他决定重返平民生活。

部分原因可能是经济方面的考虑。"伊斯兰国"的鼎盛时期肯定结束了，瓦卡兹的军饷经常被拖欠。但他脱离"伊斯兰国"的主要原因可能是自保。战局渐渐转为对"伊斯兰国"不利。

瓦卡兹在考虑自己应当在哪里重新开始生活的时候，认识到了大潮的逆转。4 月，伊拉克政府军在美国空军支援下收复了提克里特地区，包括道尔。6 月，伊拉克政府军对拜伊吉步步紧逼。摩苏尔和安巴尔省的很多城镇仍然在"伊斯兰国"的控制下，但曾经为"伊斯兰国"效力的武装人员在这些地方过平民生活估计不会有好果子吃。老战友会怨恨他，并且假如伊拉克政府军获胜，他就死定了。

瓦卡兹最后选择了一个截然不同的目的地：库尔德人控制下

的伊拉克城市基尔库克。对想要销声匿迹的前"伊斯兰国"武装人员来说,这是个聪明的选择。就像摩苏尔、拜伊吉和提克里特的情况一样,驻扎在基尔库克的伊拉克军队在前一年"伊斯兰国"进攻时作鸟兽散。但基尔库克后来的情况大不一样。成千上万佩什梅格战士蜂拥而来,填补伊拉克人留下的真空,抢在"伊斯兰国"前头冲进了基尔库克,并打退了"伊斯兰国"的进攻。从那以后,基尔库克实际上就被库尔德人控制了,但这座大熔炉般的城市也有大量逊尼派和什叶派难民,所以,无论是活跃的还是曾经的伊斯兰主义武装人员都可以在这里避风头。

不过,要抵达这个避难所并不容易。基尔库克距离拜伊吉仅有 60 英里,但两座城市之间隔着佩什梅格武装到牙齿的战线。这意味着,要想抵达避难所,瓦卡兹必须先走"伊斯兰国"的秘密逃亡路线。

30

马吉德·易卜拉欣

叙利亚、希腊

在瓦卡兹决定脱离"伊斯兰国"的同一个月，马吉德终于从复兴大学拿到了酒店管理专业的学士学位。真是喜忧参半，因为这意味着马吉德可能被征召入伍了。

战前，大学男生通常在毕业四五个月后收到征召信，但到2015年，叙利亚军队因为逃兵和战斗伤亡已经严重减员，所以大学生毕业仅一两个月，乃至几周后就会被征召。更糟糕的是，现在没有办法绕过这个体制了。军队兵员奇缺，所以发出征召通知之后，可能会直接到家里把人带走。"所以，就是这样，"马吉德说，"我知道军队很快就会来找我。"

但马吉德的父母决心救下自己的儿子。他毕业几天之后，父母给了他3000美元，这是他们剩下的全部积蓄，让马吉德离开叙利亚。

"对他们来讲，什么爱国主义或者保家卫国早就不重要了，"他说，"只要我能活下去。"他浅浅一笑。"何况，我就算当了兵也肯定是糟糕的士兵。"

2015 年 9 月，希腊莱斯博斯岛沿海的难民

6 月 21 日，马吉德的父亲把他送到大马士革。两天后，他登上了一架飞往土耳其的飞机。除了 3000 美元之外，马吉德只有一个小背包，里面塞满了行李。

马吉德希望能待在离家比较近的地方，于是在土耳其找工作，但一无所获，他别无选择，只能和这个夏天他的数十万同胞一样，开始流亡，奔向土耳其的爱琴海沿岸，希望从那里去欧洲。途中，他幸运地遇见了好几年没见过面的霍姆斯老朋友阿姆贾德。后者正和另一个来自叙利亚的难民阿马尔一起旅行。于是三人结伴行进。7 月 27 日夜间，他们从土耳其滨海旅游城市博德鲁姆的偷渡海滩出发，搭乘一艘人满为患的充气筏，来到几英里外属于希腊的科斯岛。

在那里,马吉德和两个朋友经历了心急如焚的漫长等待。科斯岛上有数万难民,从希腊政府那里领到允许他们继续旅行的登记文件可能需要长达十天的时间。与此同时,途经东欧的难民路线越来越难走,沿途好几个国家的政府威胁要彻底封闭这条路线。最后,马吉德和朋友们于 8 月 4 日傍晚拿到了文件。他们勉强赶上了通往希腊本土的夜间轮渡。他们在欧洲寻找避难所的征途就这样开始了。

第五部

大逃难

2015 ~2016

31

瓦卡兹·哈桑

伊拉克、叙利亚、土耳其

　　2015 年 6 月 18 日，斋月的第一天，瓦卡兹向"伊斯兰国"的战友道别，踏上"伊斯兰国"的秘密逃亡路线，重返平民生活。要抵达拜伊吉东北 60 英里处的基尔库克，瓦卡兹得先向西走，穿过"伊斯兰国"控制的伊拉克和叙利亚地区，然后北上进入土耳其，最后溜进库尔德人控制的伊拉克北部领土。这几乎是绕了一个完整的圈，行程超过 500 英里。这条路线为人熟知，其中最大的潜在障碍是戒备森严的土耳其边境。

　　自 2014 年年初"伊斯兰国"在叙利亚东部势力大增以来，就有人说他们之所以成功，是因为土耳其故意开放边境，让违禁品和来自全世界的伊斯兰主义武装人员都能自由通行。俄罗斯政府在 2015 年年底明确提出了这样的指控。雷杰普·塔伊普·埃尔多安领导的土耳其政府坚决否认这一指控，但俄罗斯的说法铁证如山。我在写作本书的过程中采访了二十多名被俘的"伊斯兰国"武装分子，其中至少十一人声称在为"伊斯兰国"效力期间曾从土耳其过境，他们中又有九人说在穿越土耳其—叙利亚边境时曾遇到土耳其军人或警察，这些人都简单地挥手让他们继续走。瓦卡兹的经历就是这样。

"我们一共十个人，"瓦卡兹说，"带领我们的那个人走到土耳其边境检查站，跟他们谈了几分钟。也许他给了他们点钱，但我不确定。随后他们就让我们继续走了。"

我问，也许土耳其安全部队不知道他们放行的是"伊斯兰国"的人？瓦卡兹迅速摇头道："他们当然知道。我们全都是小伙子，带领我们的就是达伊沙的人。他经常在那里越境。土耳其人知道的。"

瓦卡兹从土耳其又一次偷偷越境，进入库尔德斯坦地区政府的控制区。2015 年 7 月，也就是他脱离"伊斯兰国"的两周后，他已经到了基尔库克，准备开始新的生活。另一个从"伊斯兰国"军队退役的人，他的哥哥穆罕默德，也来这里与他会合了。

至少在起初，哈桑兄弟的选择很聪明。在基尔库克，他们搬进"伊斯兰国"退伍老兵偏爱的一个社区的一间小公寓。一周之内，兄弟俩就在附近一个建筑工地找到了工作。此时，如果瓦卡兹有梦想的话，就是在基尔库克低调生活，尽可能攒钱，等局势允许了就回家，开一家小店。

这个梦想不算雄心勃勃，但要实现的话需要的前提太多；在2015 年 9 月 7 日，他的梦碎了。在基尔库克街头，一辆黑色汽车停到他旁边。坐在前排乘客座位上的便衣警察摇下窗户，严厉地瞪着这个年轻人，要求他出示身份证。

32

马吉德·易卜拉欣

德国

2015 年 11 月 23 日晚 6 点，一群人开始聚集到德累斯顿的剧院广场，这是一座开阔的大广场。起初人不多，只有几百人，其中有些拿着自制的德国国旗。但到晚 7 点时，人群膨胀到七八千人。随后一个钟头里，他们认真地听着多位演讲者的讲话，鼓掌或者挥舞旗帜表示赞许。然后他们散开，有秩序地穿过空荡荡的大街，走向市中心。

这群人彬彬有礼，衣着得体，年龄大约三四十岁，看上去温和无害。所以，不明真相的人看到数十名全副武装的德国警察在剧院广场严密监视演讲现场，随后又夹在游行队伍两侧陪着他们一起行进，也许会感到奇怪。但这次集会，正如过去一年里德累斯顿每个星期一都举办的集会一样，让这座德国东部城市成为欧洲日益恶化的难民危机中气氛最紧张的地点之一。

德累斯顿之所以成为难民危机的焦点，是因为在 2014 年 10 月，此地成立了一个叫作"爱国欧洲人反对西方伊斯兰化"（德语首字母缩写为 PEGIDA）的组织。PEGIDA 是德国形形色色的右翼和反移民组织的综合体，它在过去的游行示威期间偶尔发生暴力冲突。它内部的新纳粹分子及光头党和与之针锋相对的左翼示威者都煽动了冲突。但到 2015 年秋，警察的严加戒备和 PEGIDA 领导人开除其组织内部最极端分子的努力，让他们的活动变得比较安宁了。警察严加监视"流氓"分子和看上去喝醉酒的人，而剧院广场上演讲者的讲话也比较温和。但德累斯顿的移民和少数族裔群体都知道星期一晚上要避开市中心。前不久从叙利亚抵达德累斯顿的二十三岁难民马吉德·易卜拉欣也知道这一点。

马吉德和两个从霍姆斯来的伙伴阿姆贾德与阿马尔一起从希腊穿过整个东欧，于 8 月中旬抵达德国南部。马吉德原打算继续独自去瑞典，因为他听说在那里比较容易获得避难资格，但三个朋友在北上的列车中被德国警察拦下，于是他们的梦想破灭了。他们被连续运到好几个不同的难民营，最后于 9 月中旬被送到德累斯顿。当地的社会福利机构把三个叙利亚人安排到市郊的一座小阁楼公寓，除了他们，那里还有另外六个避难申请者。他们就在那里等待居留资格申请获得德国法律机构的批复。

来自霍姆斯的难民偏偏到了德累斯顿，这是一个悖论。这座城市的一个闻名之处是在第二次世界大战期间被盟军的空袭几乎彻底摧毁。1989 年之前，德累斯顿属于东德，而德国统一之后的反移民运动就是在东部兴起的。2015 年夏季难民危机期间，将近 100 万难民（大多来自叙利亚和伊拉克）潮水般涌进欧洲，德国东部对移民的不满情绪达到了新的高峰。在德累斯顿和德国东部其他接纳难民暂住的城镇，发生了零星的殴打难民和纵火袭击难民住处的事件。11 月 23 日我拜访马吉德的时候，巴黎的恐怖袭击（导致 130 人死亡）刚刚过去一周，对移民（尤其是来自伊斯兰国家的难民）的仇视也升至一个新高潮。

"上周这里出了不少事，"马吉德告诉我，"现在很多人根本不去市中心。"

这一天正好是星期一，PEGIDA 要在剧院广场集会，马吉德他们当然就更不会去市中心了。

虽然气氛紧张，马吉德和他的叙利亚伙伴已经同阁楼公寓里的其他移民有了不错的交情。做饭成了新的头等大事。两位来自印度的室友已经成了厨房之王。

"他俩比我们会做饭，"马吉德解释道，"他们给我们写一个需要买的东西的清单，我们去市场买。但主要是他俩做饭。"

马吉德一边等自己的避难申请得到德国官僚机构审批，一边在当地大学的语言班学德语，同时努力通过脸书和偶尔的电话与叙利亚的亲友联络。但他没有注意跟踪祖国的形势变化，尤其是关于停火与外国斡旋和谈的讨论。他之前乐观过很多次，结果战火还是继续蔓延，所以他现在不敢抱什么希望了。何况，他觉得中东的乱局根本没有出路。

"只要阿萨德还掌权，反政府武装就永远不会同意和谈。但如果阿萨德被推翻了呢？那么不仅阿拉维派完蛋了，基督徒和伊斯玛仪派［什叶派的一个较温和的分支］以及所有不是逊尼派的人就完了。所以，我觉得阿萨德是所有糟糕的选择当中最好的一个。如果换了其他人掌权，我觉得叙利亚就彻底毁了。"

马吉德经常说有朝一日要回叙利亚。这天下午，我问他是否能预测何时可以回家。他思考了很长时间。"至少还得十年，"他说，"我们叙利亚有句老话：血债只会带来更多血债。现在所有人都要为了过去这些年发生的事情报仇，所以杀戮不会有尽头。血债只会带来更多血债。我觉得，恐怕要等在这场战争里拿过枪的人全都死掉，战争才会结束。即便杀戮在加速进行，也还需要至少十年。"

凑巧的是，第二天我和马吉德在一起，他返回公寓的时候看到有封信在等他。这是德国移民与难民局的信，说对他的背景调查已经完成，没有发现问题。这是申请居留资格过程中的最后一个大的障碍。既然已经过关，他几乎一定会被允许在德国居留三年了。来自霍姆斯的大学生放下信，走到阁楼的一扇采光窗前，坐在那里凝视外面的街道，看了很久。

33

胡卢德·扎伊迪

约旦、希腊、奥地利

2015 年年底，胡卢德情急之下想出了一个计划。她花了很多年申请到海外避难，都失败了，现在她觉得自己的家人在约旦没有任何前景。整个夏季和秋季，她一直在跟踪数十万难民乘坐脆弱的充气筏从土耳其（更危险的路途是从利比亚出发）逃往欧洲的故事。但到 12 月，故事很快发生了变化。欧洲各国政府对难民施加了越来越多的限制。冬天降临，海路愈发危险。胡卢德向父亲和姐姐们解释称，如果要改善自己的处境，时不我待。

阿里·扎伊迪的健康状况太差，承受不了艰难的旅途，于是大家决定让萨哈尔陪他留在安曼，而胡卢德和提敏前往欧洲。12 月 4 日，她们乘飞机来到伊斯坦布尔，从那里踏上为人熟知的逃亡路线，沿着土耳其海岸南下到了伊兹密尔。姐妹俩与蛇头约好，用 2000 欧元买了一艘船上的两个位置之后，就在那里等待启航的消息。12 月 11 日夜间，终于有人来找她们。

她们乘车沿海岸走了一个半小时。胡卢德和提敏趁夜色溜到海边，爬上一艘严重超载的橡皮筏。根据胡卢德的清点，筏子上除了她俩还有至少三十名乘客，尽管这艘筏子的设计容量是八到十人。橡皮筏驶向希腊的萨摩斯岛，这趟旅程要三个小时。

严重超载的橡皮筏吃水极深，舷外的马达有两次因被浪花淹没而停机。但最大的危险发生在距离安全只有咫尺之遥的地方。这天夜里月如弯钩，夜色漆黑，驾驶员对通往萨摩斯岛海滩的水道判断错误，撞上了一块礁石。橡皮筏的充气浮筒之一当即破裂。好在大家都穿着救生衣，纷纷跳离沉没的橡皮筏。胡卢德也正要跳水，这时向提敏瞥去。大姐坐在那里一动不动，因吓坏了而动弹不得。

"我向她呼喊，叫她跳船，"胡卢德回忆道，"因为浪头很高，随时会裹挟着我们，把我们砸死在礁石上。但她就是动不了。我看到她这样必死无疑。我想：'我们一起走了这么远，如今必须同生共死。'"

胡卢德爬到姐姐身边，抓住提敏，将她拖离沉船，爬到礁石上。这时一个浪头将她俩打倒，提敏摔倒时腿受了重伤，但她俩总算到陆地上了。黑暗中，胡卢德帮助一瘸一拐的姐姐爬上山，与其他难民会合，然后一起出发去寻找可供躲避的地方。

随后两周，来自伊拉克的姐妹经历了旅行、等待和神经紧绷。政府官僚对她俩冷漠而没心没肺，但也有陌生人用善意改变了她们的人生。在萨摩斯岛，姐妹俩到希腊政府登记，被允许乘渡船前往希腊本土和雅典。在那里，她们得到一位朋友的朋友搭救。东欧边境的局势瞬息万变，对仍然源源不断拥向北方的数万

2015 年 9 月，一名叙利亚难民在希腊米蒂利尼的酷热中晕倒

难民来说却没有好消息。但是，姐妹俩很快得以继续前进。到 12 月 22 日时，胡卢德和提敏搭乘大巴、火车，并徒步，穿过了欧洲的五道国界线，终于抵达德国南部。

在那里，她俩的好运气似乎用完了。越过德国边境不久之后，她们被逮捕并被拘留到天黑，然后被送回奥地利，并被指示前往位于克拉根福特的一座难民营。但她们到了那里之后，发现该难民营已经挤满，工作人员不准她们入内。胡卢德和提敏无处可去，于是躲在难民营门外，但这时开始下雪了。

社交媒体救了她们。胡卢德将她们的状况发到了脸书上，一小群国际救援工作者行动起来，在克拉根福特地区寻找有可能帮助姐妹俩的人。当地一位绿党党员很快来帮助她们,把她们带到一家咖啡店吃饭并取暖。在咖啡馆,这位政治家发出紧急消息,看当地有没有一个家庭愿意暂时接纳姐妹俩。不到一个小时,就有八人表示愿意帮忙。扎伊迪姐妹从咖啡馆被带到伊丽莎白和埃里希·埃德尔斯布伦纳的家。

"今天我们第一次感到舒适和放松。"次日,也就是圣诞节前一天,胡卢德给一位在英国的朋友写了电邮。"这家人非常好。他们给了我们一个自己的房间。他们还有一条非常可爱的狗。我很喜欢它。"

34

瓦卡兹·哈桑

伊拉克

2015 年 12 月，瓦卡兹·哈桑被关押在距离基尔库克约 10 英里的一座村庄边缘的小房子内，这里曾是警察局。除了他之外还有约 40 人被囚禁在那里，他们全都被怀疑是恐怖分子。二十一岁的前"伊斯兰国"武装人员醒着的时间几乎全都跪在这个小小的恶臭熏天的房间里。这是库尔德斯坦地区政府的安全机构"阿萨叶什"管理的秘密监狱。偶尔有人把瓦卡兹从这个集体牢房带出去，但总会给他戴手铐、蒙眼睛，直到把他带到了监狱的另一个毫无标示特征的房间才会取下蒙眼布。所以，尽管坐牢已经三个月，他还不知道自己在什么地方。

瓦卡兹于 9 月在基尔库克街上被捕，之后很快供认自己曾是"伊斯兰国"武装人员。他说出了自己服役的细节，包括他在摩苏尔执行的六次处决。没办法知道他的供认是不是通过拷打得来的。不过在狱中与我对话时，他坚持说阿萨叶什的审讯官没有虐待他。但既然审讯官就站在旁边，即便是受过拷问的犯人也会这么说的。我和他长谈了两次，这个年轻人有时说的前后矛盾，也许因为他在试图判断审讯官和阿萨叶什的人想听什么。不过，他的讲述里还是有一种开诚布公，至少部分是因为良心发现。

"我做过坏事，"他告诉我，"我需要在真主面前坦白。"

被捕不久，瓦卡兹揭发了自己的哥哥穆罕默德。阿萨叶什花了一个月才追踪到穆罕默德，他被关押在基尔库克附近的另一座监狱。兄弟俩被捕后没有联系，但瓦卡兹希望穆罕默德也能坦白。他说自己现在的主要目标是赎罪，而赎罪的办法是帮助政府确认他的"伊斯兰国"老战友有哪些还活着。"如果能从头再来的话，"他说，"我绝不会加入达伊沙。我看到了他们做的坏事。我现在知道了，他们不是真正的穆斯林。"

尽管自称悔过，这个二十一岁的年轻人对自己的前途非常清醒。"我不存幻想。我没有希望，"他告诉我，"我相信我会被终身监禁。"

但瓦卡兹的这种想法是基于逮捕他的是库尔德斯坦地区政府，并且他一直被库尔德人囚禁这一现实。但事实上，为他准备的命运更凄惨。阿萨叶什秘密监狱的一名高级官员向我做了清楚的解释。

自 2014 年 6 月，也就是基尔库克的伊拉克政府军在"伊斯兰国"攻势面前土崩瓦解、库尔德人冲进城以来，这座城市从技术上讲处于伊拉克人和库尔德人的联合控制之下。但总的来讲，合作只存在于纸面。事实上，库尔德当局对伊拉克政府非常不信任，觉得没有理由在安全问题上与其合作。尤其在与"伊

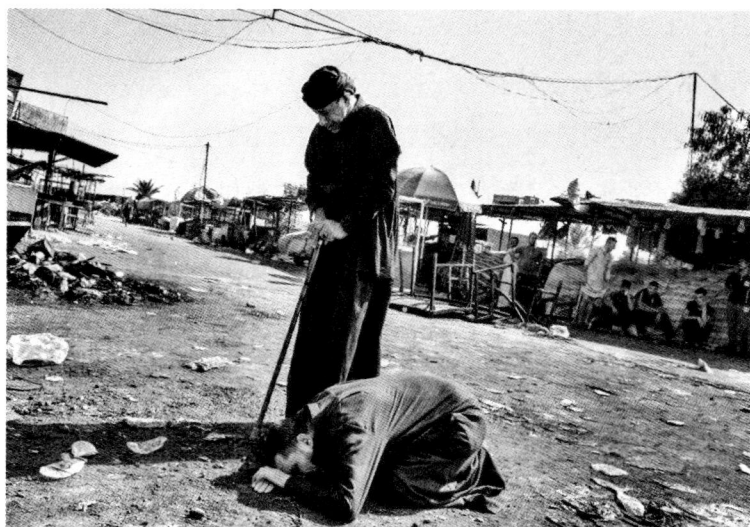

2016 年，伊拉克巴拉德，人民在哀悼死者

斯兰国"有关的问题上，伊拉克人和库尔德人实际上各自为政。

"所以我们没有告诉伊拉克人，我们这里监禁了一些人，"阿萨叶什官员解释道，"如果我们告诉他们，他们就会索要这些犯人，因为他们的大多数罪行是在伊拉克领土上犯下的。然后，伊拉克政府会杀掉这些犯人。或者，如果他们在达伊沙属于较高的领导层、能够用金钱买命的话，伊拉克政府会放他们走。我们根本不能信任伊拉克人。"所以，阿萨叶什的计划是继续监禁瓦卡兹，并利用他指认他们俘虏的其他"伊斯兰国"武装分子，其中也许有他的老战友。阿萨叶什榨干他的价值之后（可能要等到收复摩苏尔并俘虏那里的大批"伊斯兰国"武装分子之后），才会把他移交给伊拉克政府。等到那时，他就死路一条，活不了几天了。

"他以为自己能保住性命，因为是我们抓住了他。他知道我们不会处死犯人，"阿萨叶什官员说，"但伊拉克会处死犯人。伊拉克人会在他们的法庭审讯他，判他死刑。然后他们会把他转移到一座负责执行死刑的监狱，把他绞死。"

我问，瓦卡兹既然帮助当局揭露其他"伊斯兰国"武装人员，算不算戴罪立功，法官有没有可能从轻发落。阿萨叶什官员迅速摇头。我又问，他有无可能与法庭做交易，保住性命。官员考虑了片刻，然后把头摇得更厉害了。

"如果他是达伊沙高层，也许有机会，"他说，"但他是无名小卒，又是穷光蛋。所以不行。没机会。"

35

马基迪·曼古什

利比亚

2016年3月初的一天上午，我和马基迪·曼古什乘车离开米苏拉塔市区，来到南郊的农田和小村庄。他想带我看看他和一群当地的环保人士照料的森林。三年前，马基迪参加了黎波里一个名叫"爱树人"的环保组织。他受到了很多启发，于是帮助在米苏拉塔开设了该组织的分支。经费和补给物资都很紧张，但志愿者在这座城市的许多尘土漫天的公路中央分离带沿线种植了大量花卉和灌木，并努力提高大家的觉悟，号召大家保护利比亚所剩无几的植被。

"因为气候变化，保护植被越来越重要，"马基迪说，"在利比亚很多地方，沙漠都在扩张。唯一阻止沙漠化的办法就是植树。"

这个曾经的空军学员于2012年从利比亚新政府那里领到虚假的通信工程专业文凭之后，面对着艰难的选择：他可以利用这张文凭，在政府找到一个低微的工作，或者他可以从头来过。次年，他进入大学，重新开始学习工程学。2016年，他终于接近拿到一个真正有意义的学位了。

　　但在他的四面八方，他看到的国家不仅停滞不前，简直就是在开倒车。卡扎菲倒台之后的最初两年，利比亚至少表面上有一个民主的中央政府，即大国民议会。但在 2014 年中期，一次失败的军事政变之后，建立了两个针锋相对的政府。伊斯兰主义者在的黎波里接管了大国民议会，很快将其更名为全国救国政府。另一个政权，国民代表大会，则前往利比亚东部小镇图卜鲁格，盘踞在那里。不足为奇的是，这两个互相争斗的政府各自都有对立的海外支持者。卡塔尔和土耳其支持伊斯兰主义者主宰的政权，而美国和大部分西欧国家坚持认为图卜鲁格政权才是合法的，尽管有一段时间该政权统治的范围仅仅是图卜鲁格港内停泊的一艘租借来的希腊籍的车辆渡轮。

　　同样不足为奇的是，中东的各种极端主义民兵组织闯入了这个权力真空。到 2014 年年末，"伊斯兰国"下属的若干组织已经占领了利比亚中央沿海地带的很大一部分，并于 2015 年年初占领苏尔特城。到这年年底，成千上万的"伊斯兰国"武装分子来势汹汹，似乎要将这个北非国家变成一个新的"恐怖国际"。西方国家姗姗来迟，于 2016 年 2 月开始轰炸"伊斯兰国"在利比亚的营地，但此时西方的武装干预仅仅是让利比亚形形色色的地方派系和部落民兵之间的对立更加尖锐而已。

　　马基迪近期也从个人层面体会到战争的变幻无常：有时，决定生死的只是一点点运气或者人脉。我们开车穿过农田的时候，他给我讲了如何从阿尤布魔爪逃脱的故事。阿尤布就是在米苏拉塔被他骗过的那个前政府的间谍领导者。我原以为阿尤布已经被新政府枪决了，但马基迪辛辣地一笑，摇摇头。"才没有呢，"他说，"我上个月还在突尼斯电视节目上看到了他。他现在成政治专家了。"

深陷于政府危机的同时，利比亚的经济发展也撞了墙。令人难以置信的是，在乌七八糟的最近几年里，利比亚国家银行一直在给卡扎菲时期吃皇粮的人，也就是利比亚总人口的50%，支付薪水和退休金，其中也有马基迪·曼古什。"因为我在空军待过一段时间，"他解释道，"尽管我现在没有相应的职责，理论上我仍然是预备役军人，所以我每个月都能领到军饷。"

除了这一大笔惊人的人力成本，卡扎菲时代的另一种负面遗产是一大批经济补助。比如，汽油价格仍然仅为每加仑7美分。最明显的结果就是利比亚变成了全世界最大的灾难后物品减价甩卖市场，大量得到政府补助的产品被走私到突尼斯或埃及。这种失血极其严重，沿海的整个渔船队被改装为石油天然气走私船。这同时导致当地市场几乎没鱼可买，并使得利比亚石油工业每生产一桶油都会亏损。再加上全球油价下跌，上述现象促使利比亚的现金储备迅速枯竭。据估计，利比亚政府的现金储备在2013年还有1100亿美元，到2016年年底就只剩下430亿美元，很可能在2017年降为0。但利比亚国内几乎无人有意志去应对即将降临的灾难。恰恰相反，大多数互相争斗的民兵武装和政治派别在当前的乱局里都有油水可捞，所以都希望现状继续下去。

马基迪·曼古什考虑过近期吞噬了他的祖国的一系列恶性循环，并提出了一个新颖的想法：让卡扎菲1969年推翻的王室复辟。"并不是说这能解决我们的所有问题，"他说，"但至少有了国王之后，我们就是一个国家，我们有了自己的身份认同。没有身份认同，我们就只是一盘散沙，或者顶多是一个部落的成员。"

马基迪的提议貌似幼稚，但其实源于一种务实的绝望。他担心，除非有君主制那样的凝聚人心的力量，否则利比亚只会加速分崩离析。"而且不仅仅是大家都挂在嘴边的的黎波里塔尼亚与昔兰尼加的分裂，"他说，"然后部落和各省的层面也会分裂，因为一旦这里的分裂开始了，就没有自然而然可以停止分裂的地方。"马基迪随口说出了利比亚的六种主要的民族或部落分野，六个潜在的小国。他还说自己的估计可能太保守了。"所以我相信，利比亚需要君主制。几年前我刚开始对朋友说这个的时候，他们光是哈哈笑，但现在越来越多的人同意我的看法。"

在米苏拉塔以南的乡村开车大约一个小时后，马基迪开上了一条狭窄的农庄小道，停了下来。几乎全世界的退伍军人都渴望宁静，渴望与大自然共处，这是一种有趣的现象。马基迪显然也有这种冲动，但利比亚土地干旱，所以他只能将就。他的"森林"其实只是几排凌乱的松树，就在农庄小道旁边，遍地是野餐的人丢的垃圾。但马基迪在这里非常开心。他绕着垃圾走，在树丛中漫步，深深地吸入松树的气息，心满意足。

"好吧，这不是绿山，"他说（绿山是他和朋友贾拉勒一起远足过的地方），"但这至少是个开始。"

36

莱拉·苏埃夫

埃及

2016 年 1 月，莱拉的儿子阿拉给《卫报》写了一封公开信，并偷偷将信从自己的牢房送了出去。"我已经好几个月没写信了，一年多没写文章了。我无话可说：没有希望，没有梦想，没有恐惧，没有警示，没有洞见，什么都没有，"他写道，"我努力回想，明天充满可能性是一种什么状态；我的话语似乎有影响力（哪怕影响力很小）的时候是什么样。我实在记不得了。"

此时，阿拉的五年徒刑已经快要服满一年了。他父亲生前预测得非常准确，他的确被判了五年徒刑。为了直言不讳就要付出这样沉重的代价。阿拉和今日埃及的其他数万政治犯一样，面临一种可怕的矛盾：过去可以为了人权问题向开罗政府申诉，但这种办法如今行不通。在穆巴拉克时代，如果美国政府和西方人权组织向埃及政府施加足够大的压力，埃及政治犯有可能很快获释。塞西将军从穆巴拉克倒台那里吸取的教训之一就是永远不要被人民视为西方的哈巴狗。所以，外界压力在今天几乎毫无效果，甚至可能适得其反。

"但是当然啦，我们不能老老实实闭嘴，"莱拉说，"因为这就是他们想要的。我们必须努力，尽管看上去是徒劳的。"

塞西政权在人权问题上的冥顽不灵，无疑因为新的经济现实而更加严重。今天，美国对埃及的经济援助每年不到13亿美元，比穆巴拉克时代的超过20亿美元少了很多。与此同时，自塞西上台以来，沙特阿拉伯和其他海湾国家为埃及政府提供了约300亿美元的援助。塞西政权已经成为沙特阿拉伯的附庸。沙特阿拉伯自己的人权状况堪忧，所以不大可能会为了政治犯或言论自由这样的问题而烦扰塞西。事实上，如今的西方国家，尤其是美国，对埃及的影响力还不如20世纪70年代初。

莱拉从埃及近期的经济萧条当中汲取了一些希望。她相信，经济衰退如此迅速、如此严重，最终会让人民不再信任现政权。"塞西还有很多支持者，"她说，"但越来越少。现在的局势不可能维持下去。到某个时间点，'但他从恐怖分子手里救了我们'的说辞就帮不了他了。"

不过在2016年3月，开罗和埃及其他地区很少有迹象表明有真正强大的异见运动在酝酿。"不，不会今天就发生的，也不会像解放广场那样，"莱拉说，"我估计还要十八个月。等过了十八个月，要么发生宫廷政变，将军们推翻塞西，让更温和的人取而代之；要么发生新一轮广泛的抗议示威。如果那样的话，它不会像2011年那样。这一次会更凶暴。"

　　塞西政权似乎高枕无忧。针对阿拉的第二轮起诉正在法庭进行，罪名是在脸书上批评司法体制。他可能会被加刑六个月到三年。即便这一次公诉人撤销起诉，等到儿子出狱时，莱拉也已经六十四岁了。

阿扎尔·米尔汗

库尔德斯坦

看到前方有阿拉伯村庄，阿扎尔·米尔汗迅速停车，用库尔德语骂了几句。这是个穷困破败的地方：路左侧有一连串紧凑的土房子和土墙，右侧山坡上有四五座农舍。就是这些农舍吸引了医生的注意力。

"他们占据了居高临下的位置。怎么会允许他们这么做？"阿扎尔凶狠地盯着那些农舍，对阿拉伯人的侵犯无比愤怒，然后缓缓转向村庄中心。看不到村民，但墙的阴影里零零星星地停着一些旧车。

"你看到了吗？两周前，达伊沙还控制着这个村庄，这里的村民对他们没有任何意见，他们就一直留在这里。我们在这里有四名佩什梅格战士牺牲。"阿扎尔歪着嘴，无奈地向我笑笑。"你知道我会怎么做吗？我会去见一个阿拉伯人，借他的推土机。然后我去找一个以色列顾问。以色列人很擅长这种事情。两三天里，我就能把这个村子夷为平地。"

阿扎尔经常说这种骇人听闻的话，我有时很难判断他究竟是不是当真。但在这天上午，我估计他是认真的。这一天是 2015 年 11 月 27 日，也就是我第一次拜访阿扎尔的六个月后。我们正在一条通往辛贾尔的小路上。辛贾尔是雅兹迪人的市镇，于 2014 年夏季惨遭"伊斯兰国"蹂躏。在这之后的几个月里，阿扎尔有时乘车去辛贾尔以北的佩什梅格前线战壕，试试手气，射杀就在四十码之外的敌方战壕里的"伊斯兰国"武装分子。前不久，佩什梅格在美军猛烈空袭的支援下，收复了辛贾尔。阿扎尔参加了那场战斗，这一次返程让他的心情很恶劣。

我们抵达辛贾尔时，他的脾气更暴了。这座小市镇在战前的人口约为 10 万，如今大部分已经只剩瓦砾堆了。佩什梅格还在搜索陷阱和饵雷，但已经在废墟中清理出一条狭窄道路。我们不时会看见"伊斯兰国"武装分子的腐烂尸体。市镇遭到了严重破坏，起初很难区分哪些是"伊斯兰国"占领该城期间造成的破坏，哪些是两周前的战斗导致的。但渐渐我能分得清了。在市中心的小小圆形交叉路口，"伊斯兰国"炸毁了矗立在那里八百多年的宣礼塔。他们还摧毁了辛贾尔的所有雅兹迪神庙以及唯一的基督教堂。市中心的医院还在，但仅仅因为"伊斯兰国"将其改为狙击手阵地和兵营，因为他们知道美国飞机不会轰炸医院。即便如此，他们还是捣毁了医院内的所有医疗设备，甚至踩碎了温度计和安瓿。

但在辛贾尔的居民区，"伊斯兰国"的种族清洗政策简直有了《旧约》的色彩。一条又一条街道上，有些房屋完好无损，旁边却只剩下瓦砾堆和扭曲的钢筋。大多数完好的房屋的共同点是，外墙有喷涂的字，大致意思是"这户人家是阿拉伯人"。阿扎尔坚持说，这些标语不是"伊斯兰国"入侵者写的，而是阿拉伯居民自己写的。

"这是他们向达伊沙发的信息，"他说，"饶了我们，我们和你们是一起的，我们不是库尔德人。"和之前那个村庄一样，阿拉伯人一直待在这里，不怕"伊斯兰国"。

那些阿拉伯居民现在都走了，美国开始空袭、标志着战斗开始的时候他们就逃走了。在好几条居民街上，少数回家的雅兹迪人在阿拉伯人的房子里走来走去，把抢来的床垫和家具装到皮卡上。

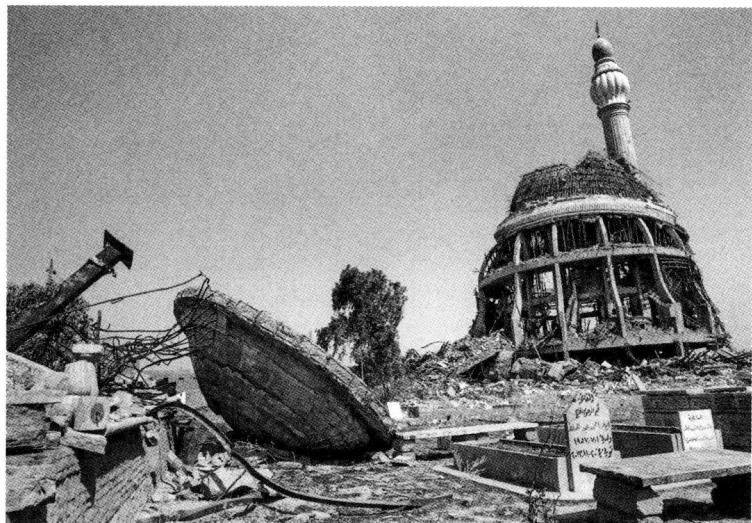

2016 年 7 月，一座被"伊斯兰国"
用作军火库的清真寺遭美军空袭之后

"为什么不行？"阿扎尔说，"他们已经失去了一切。"

两名佩什梅格战士带我们来到城外不远处的一片荒地，就在新的前线附近。这里的感觉更让人毛骨悚然。在荒地的远端，佩什梅格工兵正在挖掘一条新的反坦克堑壕，因为"伊斯兰国"武装人员就在南面几英里处。但在更远的地方，一条季节性小溪的旁边有三座不规则的土堆，里面露出了一些证据，表明这里曾是杀戮场。只见土堆里伸出人骨和骷髅头、满是泥土的鞋子、用来蒙眼的布条。过去十五个月里下了很多场雨，集体墓穴的部分遗物被冲刷出来，所以干枯的河床上散布着女人的衣服、更多的鞋和牙齿。这些墓地都还没有得到发掘，政府在等待一个刑事法医小组来处理。但据估计，约有 300 名雅兹迪人在这里被处决，其中大多数是老妇（"伊斯兰国"没有兴趣把她们当性奴）或对"伊斯兰国"没有价值的幼儿。

阿扎尔沉默地在墓地里走了半个钟头，但我注意到他越来越焦躁然后哭了起来。我走到他身旁，问他要不要紧，想不想走。他突然转过身，用一根手指戳向大约北面四英里处的辛贾尔山的陡峭山坡。

"佩什梅格当时就在那里，"医生愤怒地说，"达伊沙的人把受害者带到这里杀掉，就是为了让我们看。他们考虑过的。他们是故意的，要羞辱我们。"

阿扎尔回到辛贾尔市中心，匆匆走进市政厅，这是市中心少数还能住人的房屋之一。他让一名高级官员跟他走到露台上。随后一个小时里，两人全神贯注地密谈，想要走近他们的佩什梅格下层人员都被他们挥手赶走。过后，阿扎尔向我道歉，说把我晾在一边太久了。

"我告诉他，他必须摧毁这里的所有阿拉伯人民房，"他叙述道，"他很犹豫。他觉得最好把那些房子交给返回的雅兹迪人。我说不行，将来有些阿拉伯人会带着他们的房契地契回来索要房屋。所以干脆把房子都拆掉，让他们没有办法回来从头开始。他现在明白了。"

我问他，那个官员是否会执行这个计划。阿扎尔点点头说："他做了承诺。我让他承诺的。"

这天下午，我们爬上从市区延伸出来的 U 字形公路，登上辛贾尔山。2014 年 8 月，成千上万心惊胆寒、惊慌失措的雅兹迪人曾走这条路逃跑。现在路边还到处是他们当时丢弃的衣服，褪色了，破旧了。

"过去更多，"阿扎尔看着这些抛弃的衣物，喃喃道，"过去满地都是。"

登上峰顶，我们走进一片宽广的高地，它向远方延伸出去 25 英里远。这里随处可见数千名仍然无家可归的雅兹迪人的帐篷营地。雅兹迪社会的历史核心不是这些人前不久逃离的低地，而是他们如今安营扎寨的高山。帐篷营地周围的山坡上有他们古老村庄的遗迹，有已经废弃的梯田和半壁倾颓的泥屋。有些这样的定居点发展了将近一千年，但在 20 世纪 70 年代，萨达姆·侯赛因派他的军队摧毁了这些定居点，这是他镇压库尔德人的行动的一部分。山区雅兹迪人随后被带到低地，那样政府军就更容易监视他们。当然四十年后，"伊斯兰国"滚滚杀来的时候，他们也更容易被聚拢起来屠戮。

不久之前，阿扎尔可能因为他的极端分离主义观点被嘲讽为排外者，甚至是法西斯分子。但有些观察者目睹了"伊斯兰国"的野蛮暴行，并考虑了过去几年里中东各地爆发的仇恨之后，开始相信他那种强硬的思维方式也许是脱离泥沼的最好办法，更准确地说，是唯一办法。越来越多的外交官、将军和决策者开始考虑阿扎尔主张的种族与教派分离的解决方案（虽然不像他的想法那样残暴），这也说明大家已经开始觉得，恢复中东各国曾经的形态，把这些破碎的土地重新拼接起来，或许是办不到了。

凑巧的是，这些人最经常参考的例子就是库尔德斯坦地区政府。

二十五年来，库尔德斯坦地区政府一直稳定存在，近似民主政权，仅仅名义上是伊拉克的一部分。也许解决办法是让伊拉克的其余部分也参考这种模式，最终建立一个由三部分组成的国家，而不是目前的二元国家。让逊尼派拥有自己的"逊尼派地区政府"，享有类似于库尔德人的权益：有自己的国家元首，有内部边界，有自治的军队和民政政府。伊拉克仍然能在纸面上继续存在。也许可以建立一种机制，确保石油收入在国家的三个部分之间公平分配。如果这种模式在伊拉克行得通，那么已经巴尔干化的利比亚和分崩离析的叙利亚在未来也许可以效仿。

就连主张这种模式的人也承认，这种分离很难实现。巴格达和阿勒颇那样的人口完全"混杂"的城市该怎么办？在伊拉克，很多部落内部都分成什叶派和逊尼派群体。在利比亚，地理造成的分散已经有数百年历史。那么这些人是要选择自己的部落、教派还是家乡呢？历史教训告诉我们，这样的分离会造成极大的伤痛和人道主义悲剧，比如二战结束后东欧的"去德国化"和1947年印度次大陆的印巴分治①。分离可能造成惨剧，可能造成人员伤亡，但如果要阻止中东的多个失败国家陷入更残酷的厮杀，分离也许是最后的、最好的办法。

但问题在于，一旦开始分离，那么就很难确定到了什么程度可以停止分离。美国入侵伊拉克和"阿拉伯之春"撕裂了中东，让种族和宗教矛盾暴露出来。但在这些矛盾之下，还有部落、氏族、次级氏族之间的冲突。在这方面，库尔德斯坦地区政府不是榜样，而是反面教材。

库尔德斯坦地区政府控制区的面积只相当于西弗吉尼亚州。但因为有两个互相争斗的部落，现在一切东西都分成两套：两个领导人、两个政府、两支军队。目前，因为"伊斯兰国"的威

---

① 1947年8月15日，英属印度被分割，分别建立巴基斯坦和印度两个国家。在此之前，旁遮普发生暴乱和种族屠杀，有20万至50万人丧生。估计有1400万印度教徒、锡克教徒和穆斯林背井离乡，这是人类历史上最大规模的迁徙。

胁，以及需要向外界展示自己是统一战线，两派的分裂被掩盖起来。但分裂仍然是一股强大的暗流，而且这也能解释雅兹迪人的悲惨命运。如阿扎尔所说，2014年8月的时候连傻瓜都能看出"伊斯兰国"的进攻方向是什么，但因为雅兹迪人生活在库尔德斯坦地区政府权力结构之外，他们与两个派系都没有传统的联盟关系，所以两个派系都对雅兹迪人不管不顾，让他们自生自灭。尽管库尔德斯坦地区政府的政治家和将军给出了很多借口，事实却不容否认：如果辛贾尔的居民是巴尔扎尼部族或塔拉巴尼部族的人，就不会惨遭屠杀。

一旦当前的危险消退，库尔德斯坦地区政府会不会因为内讧而崩溃？如果我们参考历史教训，那么巴尔扎尼部族和塔拉巴尼部族的对立只会更严重，甚至导致新的内战，因为该地区的隐秘历史的一部分就是，各部落自从开始互相接触就不断厮杀。这种互相屠戮的内讧传统可以追溯至少半个世纪，而且到20世纪90年代中期还是那种样子。米尔汗家族因自己的亲身经历而非常熟悉库尔德人的内讧秘史。

我与米尔汗兄弟几人谈过很多次，经常听他们谈起家族中那两位牺牲了自己生命、现在已经是库尔德传奇英雄的佩什梅格战士：他们的父亲赫索和他们的兄弟阿里。但我很少听到故事的另一个层面，并且米尔汗兄弟对此三缄其口：赫索和阿里死亡的具体情况。我问了很多次之后，阿扎尔才终于吐露了真相，尽管当时我已经从别的渠道搞清楚了：杀死赫索和阿里的不是库尔德人众多的外部敌人，而是与他们竞争的库尔德佩什梅格武装。

我问阿扎尔，他为什么不肯说这一点。他答道："库尔德人互相杀戮，这是奇耻大辱。我们有这么多敌人，为什么还要兄弟相残呢？"

这是个很好的问题，但在四分五裂的中东，不管把国家分割得多么细，这个问题都可能会被一再提起。

在辛贾尔高地的中点，过了一个路弯处，突然看见河的另一边是一个美丽的村庄：崎岖的山坡上有一系列房屋，它们下方不远处有一些古老的梯田。这些梯田的围墙有的高过二十英尺，看来居民决心要从山上尽可能多地开掘出可耕种土地。并且这些围墙是在机械化之前的时代修筑的，一定花了很多年，甚至几十年。那些房屋如今都已经废弃，屋顶被萨达姆·侯赛因的士兵摧毁，但他们没有破坏梯田。

"以前这里一定很美，"阿扎尔凝视着村庄说，"像花园。"

但对阿扎尔来说，过去的价值在于帮助人们预测未来。离开辛贾尔，他的情绪舒缓了一些，充满了期望。我们穿过山区继续前进，他用手指在方向盘上敲了起来。

"现在是我们的时代了，"他说，"伊拉克已经没有了。叙利亚没有了。现在是我们的时代了。"

尾　声

在中东旅行了十六个月后，我觉得很难预测局势会怎样发展，更没有办法概括这一切究竟意味着什么。在我和保罗·佩莱格林（Paolo Pellegrin）① 去的绝大多数地方，今天的局势都比我们出发时更糟糕：埃及的塞西政权更加严酷地镇压反对派；叙利亚战争又夺取了数万人的生命；利比亚的国家财政即将破产。如果说地图上有一个亮点，那就是"伊斯兰国"在伊拉克缓慢地但似乎不可避免地走向失败。2016 年早些时候，伊拉克政府军、什叶派民兵和库尔德佩什梅格出人意料地组成了联盟，收复拉马迪和费卢杰之后又于 10 月向摩苏尔的"伊斯兰国"要塞发动攻势。摩苏尔被收复之后，"伊斯兰国"在伊拉克的所谓"哈里发国"就基本上垮台了。

尽管如此，我还记得马吉德·易卜拉欣告诉过我的话："'伊斯兰国'不仅是一个组织，还是一种思想。"当然它也是一种部落。即便它的化身被消灭了，创造了"伊斯兰国"的那些条件仍然存在：整整一代心怀不满、没有未来可言的年轻男子，

---

① 保罗·佩莱格林（1964～）是意大利摄影记者，作品常涉及战争、恐怖主义、移民、艾滋病、吉卜赛人等。

如瓦卡兹·哈桑，通过拿起武器来寻找目标感、权力和归属感。总的来讲，局势在短期内还不会好转。

但局势究竟会坏到什么地步，很大程度上取决于外力，尤其是美国新政府如何应对中东局势。奥巴马政府的动作虽然慢得可怕，但毕竟取得了一项成就，那就是有条不紊地建立了如今正在对抗"伊斯兰国"的国际军事同盟。非常矛盾的是，这个同盟包括一些曾帮助"伊斯兰国"发展壮大的国家，如土耳其和沙特阿拉伯。在当前的危机之外，或许对中东来说最好的希望就是这个国际同盟不仅继续存在，并且承担起更广泛的政治和人道主义角色，让它有办法更快速、更有效地应对必然会降临的新危机。

但要达成这个目标，需要努力工作和巧妙的外交。特朗普政府有孤立主义倾向，所以最初的迹象让人无法乐观。更让人担心的是特朗普尖刻而浮夸地大谈特谈"伊斯兰恐怖主义"。我在此次中东之旅期间发现的一个最显著的规律是，在我采访过的二十几名前"伊斯兰国"武装人员当中，只有一人承认是因为宗教原因而加入"伊斯兰国"的。其他人报名参军都是为了最普通的原因：金钱、荣耀，以及自己的朋友都加入了。所以，从实质上讲，驱使阿拉伯年轻男子加入"伊斯兰国"的主要原因，和驱使心怀不满的年轻美国人加入内城区黑帮或者年轻的墨西哥人加入贩毒集团的动机是一样的。因此，"伊斯兰国"的问题更多是社会和经济问题，而不是意识形态问题。颇为讽刺的是，特朗普政府隐晦地说这是不同宗教之间的战争，用的说辞和"伊斯兰国"兜售的那些货色很相似。如果特朗普政府想要一场宗教战争，那么"伊斯兰国"领导人肯定会竭尽全力地给它一场宗教战争。

2016 年，伊拉克提克里特，一个女孩在奔跑

在更哲学的层面上，此次中东之旅让我再次想到，文明是多么脆弱，为了保护文明我们需要多么警惕，以及一旦文明被毁，修复它的工作是多么缓慢和艰难。我这种想法当然并不新鲜。按理说我们应当早就从纳粹德国、波斯尼亚和卢旺达那里吸取了教训，但也许我们对这种教训要经常复习。

然而，让我感到欣慰的是，个人拥有超凡的促成变革的力量。我遇见的人里最突出的例子就是胡卢德·扎伊迪。她出身于伊拉克外省城市的传统家庭，是最小的女儿，但她凭借自己顽强的意志力，出人意料地成为了不起的领导者，并在这过程中尽力挽救了自己的亲人。不过这里也有悖论。胡卢德这样的人必须承担修复这片破碎大地的使命，因为他们是他们国家最优秀的人才，但恰恰是这些人离开了祖国，去别的地方寻找更好的生活。奥地利的收获，是伊拉克的损失。

　　我写作本书的时候，摩苏尔激战正酣。但对阿扎尔·米尔汗医生来说，真正的斗争，即将他的库尔德家乡彻底从阿拉伯世界剥离，在摩苏尔战役之后还要继续进行。而此役一旦结束，瓦卡兹·哈桑对库尔德人来说就没有利用价值了。如那位库尔德安全官员直白的解释，瓦卡兹·哈桑几乎一定会被移交给伊拉克政府并被处决。说不定现在他已经被处决了。

　　在利比亚，马基迪·曼古什在家乡米苏拉塔继续攻读工程学学位。2016 年 12 月，一支由各种派别拼凑起来的民兵武装力量终于将"伊斯兰国"从滨海城市苏尔特逐出，但其他地方仍在激战。利比亚人和外国观察者的一致意见是，这个国家要想恢复一定程度的正常状态，还有漫长而艰难的路要走。马基迪相信自己在这条道路上有能力做一点贡献。

　　"我想帮助同胞回来，"他告诉我，"利比亚是个神奇的地方。更重要的是，它是我的家乡。我无论如何都不愿意离开利比亚。是的，未来充满不确定性，但过去也是这样。我已经做好准备，要迎接一种新的不确定性。"

在德累斯顿，马吉德·易卜拉欣获得了难民资格，他可以在德国至少停留三年。他的德语已经说得很好，前不久在德累斯顿的假日酒店找到了夜班前台接待员的工作。

在埃及，莱拉·苏埃夫的儿子阿拉正要结束自己五年徒刑中的第二年。莱拉最小的女儿萨娜于2015年9月获得总统赦免，获释出狱。她服刑十五个月。但她与塞西政权的纠葛还不算完。2016年5月，萨娜被判"侮辱司法机关罪"，因为她没有答复一位公诉人与她见面的请求，于是又被判六个月徒刑。有些观察者相信政府是在故意刁难莱拉·苏埃夫一家，惩罚他们的直言不讳，但有证据表明，事实可能并非如此。根据"阿拉伯人权信息网络"（ANHRI）① 近期的一项研究，今天埃及的全部在押犯人数估计有109000人，其中绝大部分是政治犯。

在奥地利，胡卢德和她的姐姐提敏继续与埃德尔斯布伦纳一家一起生活。胡卢德前不久获得了奖学金，在当地一家大学学习跨文化管理。不久前，她们的母亲阿齐扎在库特去世。她一辈子没有离开过伊拉克，胡卢德在十二年前逃离伊拉克之后就只见过

---

① "阿拉伯人权信息网络"是致力于在中东和北非推进言论自由的非政府组织，总部在开罗。

母亲一面。胡卢德对母亲死讯的回应很典型地体现了这位女性的坚忍不拔。她更加努力地设法营救其他亲人（仍然被困在约旦的父亲和姐姐），并把他们带到奥地利。"把他们带到这里，让我们一家团聚，"她说，"这是我最大的梦想。"

鸣　谢

2014 年秋季，《纽约时报杂志》主编 Jake Silverstein 来找我，说想对中东当前的动荡做一个全面报道。他提出了颇具诱惑力的建议：如果我的报道足够扣人心弦，他可以把整期杂志都用来刊登我写的故事。所以，本书的大部分内容最早刊登于《纽约时报杂志》2016 年 8 月 14 日那一期。我永远感激 Jake 给了我这个前所未有的机会，这无疑是我整个记者生涯的巅峰。

我还要感谢我在《纽约时报》的编辑 Luke Mitchell。他不知疲倦、一丝不苟地帮助这个项目的实施。Ilena Silverman 和 Bill Wasik 给了我一些睿智的建议和文字上的意见。同样，我非常感谢杂志的精锐事实核查小组成员：David Ferguson、Dan Kaufman 和 Steven Stern。他们多次纠正了我的错误。

我还想感谢我在 Vintage 出版社的编辑 Edward Kastenmeier。他经常鼓励我把之前的材料扩展成书，并恢复杂志刊载时删去的很多细节。经过二十二个月的辛劳，我非常高兴地看到自己的作品成了一本书。我很感激 Edward 促成本书出版。我非常感谢我的文学经纪人 Sloan Harris 和我在 Doubleday 出版社的编辑 Bill Thomas。他们还是我亲爱的朋友，我原本答应六个月交稿，最后花了差不多两年，这要感谢他俩的海涵。

我最想感激的是本书的六位主人公。他们都对我开诚布公，并且谈的往往是他们人生中非常私密和不堪回首的篇章。他们对我的持续询问无比耐心。他们回答我的问题时完全不考虑个人的回报，只是希望他们的故事，以及人生被中东的动荡扰乱的千百万人的故事能够传播出去，让世人了解。

图书在版编目（CIP）数据

破碎大地：21 世纪中东的六种人生 ／（美）斯科特
·安德森（Scott Anderson）著；陆大鹏，刘晓晖译
. –– 北京：社会科学文献出版社，2019.6（2020.11 重印）
书名原文：Fractured Lands：How The Arab World
Came Apart

ISBN 978 – 7 – 5201 – 4034 – 8

Ⅰ . ①破…　Ⅱ . ①斯…　②陆…　③刘…　Ⅲ . ①阿拉伯
国家 – 研究　Ⅳ . ①K370.07

中国版本图书馆 CIP 数据核字（2018）第 273499 号

破碎大地：21 世纪中东的六种人生

著　　者 ／〔美〕斯科特·安德森（Scott Anderson）
译　　者 ／ 陆大鹏　刘晓晖

出 版 人 ／ 谢寿光
责任编辑 ／ 张金勇　钱家音

出　　版 ／ 社会科学文献出版社·甲骨文工作室（分社）（010）59366527
　　　　　　地址：北京市北三环中路甲 29 号院华龙大厦　邮编：100029
　　　　　　网址：www.ssap.com.cn
发　　行 ／ 市场营销中心（010）59367081　59367083
印　　装 ／ 三河市东方印刷有限公司

规　　格 ／ 开本：889mm × 1194mm　1/32
　　　　　　印 张：7.375　字 数：144 千字
版　　次 ／ 2019 年 6 月第 1 版　2020 年 11 月第 2 次印刷
书　　号 ／ ISBN 978 – 7 – 5201 – 4034 – 8
著作权合同
登 记 号 ／ 图字 01 – 2017 – 8401 号
定　　价 ／ 56.00 元

.